BEI GRIN MACHT SICH IHR WISSEN BEZAHLT

- Wir veröffentlichen Ihre Hausarbeit,
  Bachelor- und Masterarbeit

- Ihr eigenes eBook und Buch -
  weltweit in allen wichtigen Shops

- Verdienen Sie an jedem Verkauf

Jetzt bei www.GRIN.com hochladen und kostenlos publizieren

Bindungsorientierte Begleitung in der Schwangerschaft (B.O.B.S.). Förderung der vorgeburtlichen Mutter-Kind-Bindung

Christa Balkenhol-Wright

Bibliografische Information der Deutschen Nationalbibliothek:

Die Deutsche Nationalbibliothek verzeichnet diese Publikation in der Deutschen Nationalbibliografie; detaillierte bibliografische Daten sind im Internet über http://dnb.d-nb.de abrufbar.

ISBN: 9783346543684
Dieses Buch ist auch als E-Book erhältlich.

Coverbild: Christa Balkenhol-Wright

© GRIN Publishing GmbH
Nymphenburger Straße 86
80636 München

Druck und Bindung: Books on Demand GmbH, Norderstedt Germany
Gedruckt auf säurefreiem Papier aus verantwortungsvollen Quellen

Das vorliegende Werk wurde sorgfältig erarbeitet. Dennoch übernehmen Autoren und Verlag für die Richtigkeit von Angaben, Hinweisen, Links und Ratschlägen sowie eventuelle Druckfehler keine Haftung.

Das Buch bei GRIN: https://www.grin.com/document/1156721

ONLINE VORTRAG

BINDUNGSANALYSE

(nach Hidas und Raffai)

B.O.B.S.

VORGEBURTLICHE BINDUNGSFÖRDERUNG

INHALTSVERZEICHNIS

BINDUNGSANALYSE
(nach Hidas und Raffai)
Vorgeburtliche Bindungsförderung

Es geht in meinem Vortrag nicht um die klassische Bindungsanalyse (BA) , wie sie von Psychotherapeuten und Psychoanalytikern praktiziert und gelehrt wird, sondern um ein eigenes Format, das den Titel trägt:

BINDUNGSGORIENTIERTE BEGLEITUNG IN DER SCHWANGERSCHAFT - ZUR FÖRDERUNG DER VORGEBURTLICHEN MUTTER-KIND-BINDUNG

B.O.B.S.

(in Anlehnung an die klassische Bindungsanalyse nach Hidas und Raffai)

Der Einfachheit halber verwende ich in meinem Vortrag die Abkürzung BA.

Ich möchte mich Ihnen zuerst kurz vorstellen:

Ich bin zertifizierte Bindungsanalytikerin mit Zusatzausbildungen in Hypnose und Regressionstechniken. Seit August letzten Jahres biete ich Online Ausbildungskurse zum Erlernen der BA an und seit 5 Jahren begleite ich Schwangere mit der BA. Ich habe zudem viele Jahre an unterschiedlichen Universitäten und Fachhochschulen verschiedene Fächer auf Englisch und Französisch unterrichtet und als diplomierte Fachübersetzerin war mein Fachbereich in erster Linie Psychologie.

Ich werde Ihnen heute Abend eine neuartige Methode vorstellen, mit der **Schwangere** begleitet werden können, mit dem Ziel die Bindung zu ihren ungeborenen Babys zu fördern und zu vertiefen.

Sie ist in den 80er Jahren von zwei ungarischen Psychoanalytikern, Dr. György Hidas und Dr. Jenö Raffai, entwickelt worden, die immer wieder betont haben, dass es sich um eine **Präventivmethode** handelt.

Das Erlernen Ihrer Methode befähigt die Ausgebildeten, dazu beitragen, dass, **was immer eine Schwangere belastet,** nicht auf das ungeborene Baby übertragen wird.

Wenn Sie sich nicht vorstellen können, dass Babys von Anfang an, also von der Zeugung an, denkende, fühlende, lernende interagierende Lebewesen sind, dann sind Sie im falschen Vortrag! Aber schalten Sie nicht gleich ab, ich bitte Sie, sich dem Gedanken zu öffnen, dass das ungeborene Kind bereits ab dem Moment der Zeugung fühlen und Erinnerungen speichern kann! Seit den 70er Jahren des letzten Jahrhunderts wird das Leben und Erleben im Mutterleib intensivst erforscht und es gibt inzwischen vielfältige Möglichkeiten, die es erlauben, den Wahrheitsgehalt der Forschungsergebnisse zu überprüfen.

1

Ich stelle Ihnen zunächst meine Themen vor:

- 1. Ich referiere kurz über die Entstehung und Entwicklung der BA
- 2. Dann gehe ich auf die Bedeutung der vorgeburtlichen Bindung ein
- 3. und schildere anschließend den Ablauf der BA.
- 4. daran schließt sich die Erläuterung der Ausarbeitung einer Anamnese
- 5. Des weiteres beschreibe ich, wie der Dialog zwischen Mutter und Baby funktioniert
- 6. und liefere einige statistische Daten, die die Vorteile der BA für Mutter und Baby verdeutlichen.
- 7. Dann folgt ein kurzer Einblick in das Bindungskonzept von Bowlby und wie es sich auf die Bindungsanalyse übertragen lässt
- 8. Ich werde anschließend über Bindungsstörungen, ihre Ursachen & Auflösungsmöglichkeiten sprechen

- 9. Wir werden uns danach mit den Auswirkungen von Stress der Schwangeren auf ihr Baby beschäftigen und wie die BA dem entgegenwirken kann?
- 10. Anschließend folgt die Schilderung, wie das Baby die Geburt erlebt
- 11. Weitere brisante Themen sind Zwillingsverlust in Utero
- 12. und die Auswirkungen einer künstlichen Befruchtung im Rahmen der sogenannte Reproduktionsmedizin
- 13. Danach werde ich kurz eingehen auf die besondere Geburtsvorbereitung im Rahmen der BA, besonders deshalb, weil sie von Mutter und Baby gemeinsam durchgeführt wird, wie auch die Geburt selber
- 14. In einem letzten Kapitel gehe ich auf die Epigenetik und ihre Einflüsse auf die Schwangerschaft ein. Dieses Thema ist so umfangreich, dass man Stunden damit füllen könnte, heute kann ich es nur kurz darstellen und an einer sehr erfolgreichen BA veranschaulichen.

Einige Themen werde ich zusammenfassend vortragen, andere etwas ausführlicher!

Entstehung und Entwicklung der BA:

Sie ist von dem ungarischen Psychoanalytiker Dr. Jenö Raffai zusammen mit seinem Lehranalytiker Dr. György Hidas in den 80/90er Jahren entwickelt worden. Sie ermöglicht es schwangeren Frauen, **mentalen und emotionalen Kontakt** zu ihren ungeborenen Babys aufzunehmen.

Die vordringlichsten Ziele der Bindungsanalyse sind:

1. Förderung einer tiefen vorgeburtlichen Mutter-Kind-**Bindung**
2. Stärkung der schwangeren Frauen auf vielen Ebenen
3. Unterstützung des mütterlichen Reifungsprozesses

(Raffai: „Vom Kind der Mutter zur Mutter des Kinds werden"

4. Befriedigung des ureigenen, primären Bedürfnisses des ungeborenen Babys, angenommen und geliebt zu werden, Sicherheit und Schutz gewährt zu bekommen und vor allem sicher gebunden zu sein.

Ein Baby, das vor der Geburt eine sichere Bindung erfahren hat, ist bindungsfähiger, weil es an seine vorgeburtlichen Beziehungserfahrungen anknüpfen kann.

Die Ursprünge der BA gehen zurück auf Dr. Raffais therapeutische Arbeit mit psychotischen jungen Leuten in Ungarn in den achtziger Jahren. Er entdeckte, dass sich ihre psychischen Störungen während der gesamten Zeitspanne entwickelten, die sie in der Gebärmutter ihrer Mütter verbracht hatten. Ich zitiere wieder Raffai: „Was ihnen vollkommen fehlte, war das **bewusste Empfinden ihrer eigenen Körpergrenzen**, was es ihnen unmöglich machte, sich selbst bereits pränatal als autonome, unabhängige Wesen zu erfahren und ein **eigenes Selbst zu entwickeln."**

Raffai hat eindeutige Beweise gefunden für den **Zusammenhang zwischen einer problembehafteten Bindungsfähigkeit ihrer Mütter** – wie auch immer sie beschaffen sein mag - und dem **Fehlen eines Selbstbewusstseins** bei den jungen psychotischen Patienten.

Für Raffai ist die **emotionale und mentale Befindlichkeit der Schwangeren** während der Schwangerschaft mit besonderem Fokus auf die Bindungsfähigkeit der werdenden Mutter und deren Auswirkungen auf das ungeborene Baby **von allergrößter Bedeutung.**

Deshalb hat Raffai nach einer **Präventivmethode gesucht,** mit der zuerst die Bindungsbeschaffenheit und -fähigkeit analysiert wird, um sie dann zu verbessern und zu stärken, also die Gründe bestehender Bindungsprobleme aufzudecken, damit die werdenden Mütter eine gesunde, stabile, schützende und unterstützende Bindungsbeziehung zu ihren ungeborenen Baby bereits pränatal entwickeln können.

Zusammen mit Hidas hat Raffai ab Mitte der 80er Jahre schwangere Frauen in Ungarn mit der Bindungsanalyse begleitet und ab 2004 nach Kontaktaufnahme zu Dr. Ludwig Janus auch in Deutschland seine Methode in Ausbildungskursen gelehrt. Beide haben zusammen bis zu Raffais Tod (2015) in Deutschland, Österreich, in der Schweiz und in Belgien BindungsanalytikerInnen ausgebildet. Alle Länder zusammen genommen (Ungarn, Deutschland, Schweiz, Österreich, Belgien, die USA), in denen Raffai die BA bekannt gemacht und gelehrt hat, kann man sagen, dass bislang ca.10.000 Frauen mit der BA begleitet worden sind, die im übrigen inzwischen auch an verschiedenen Universitäten beforscht wird.

Die Teilnehmer an den BA-Ausbildungskursen kommen aus den unterschiedlichsten beruflichen Bereichen, wie. z. B. Gynäkologen, Allgemeinmediziner, Körpertherapeuten, Familientherapeuten, Doulas, Psychologen, Psychotherapeuten, Heilpraktiker und natürlich in vorderster Front Hebammen, sie stehen den Schwangeren - neben ihren Familien - am nächsten.

Im Verlauf dieser Jahre hat Raffai die Ergebnisse wissenschaftlicher Erkenntnisse und pränataler Psychologie ständig in seine Methode einfließen lassen.

In diesem Zusammenhang ist eine der bedeutendsten Entdeckungen durch den Molekularbiologen Bruce Lipton das sogenannte Zellgedächtnis, das Pränatalpsychologen vorsprachliches Bewusstsein nennen. Alle Erfahrungen, die das Baby in der Gebärmutter macht, sind in allen seinen Zellen gespeichert in erster Linie natürlich im Gehirn.

Die werdende Mutter überträgt ihre Erlebniswelt auf ihr Baby über chemische und biologische Prozesse. Alle negativen und positiven Gefühle der Schwangeren werden auf das Baby übertragen, also Stress, Ängste, Trauer, Depressionen, aber auch - und das ist wichtig - Gefühle von Freude, Harmonie und Stärke.

Wenn beispielsweise die Schwangere während ihrer Schwangerschaft Vater oder Mutter verliert und sie darüber **übermäßig** trauert, wird das ungeborene Baby mit den Stresshormonen der Mutter überflutet. Im Rahmen der Bindungsanalyse helfen in einem solchen Fall die von Raffai ausgearbeiteten Instruktionen, mit denen die Mutter in einem inneren Dialog ihrem Baby versichert, dass die empfundene Trauer ihre eigene ist und nicht die des Babys. Ich erkläre später, was es mit dem INNEREN DIALOG auf sich hat.

Die Bindungsanalyse bietet einen neuen Zugang zu Schwangerschaft und Geburt, denn sie führt zu absolut neuen Erkenntnissen, von denen auch andere Bereiche profitieren können, wie z.B. Frühe Hilfen, Schwangerschaftsberatungseinrichtungen, usw.

Säuglinge, Kleinkinder re-inszenieren oft erlebte Geburtraumata. Welche Kindergärtnerin beispielsweise kommt auf die Idee, dass sich, wenn ein 4-jähriger Junge auf andere ständig einboxt, dahinter ein traumatisches Geburtserlebnis verbirgt?

Das Wissen um die Bedeutung des vorgeburtlichen Lebens und Erlebens schafft ein tieferes Empfinden für das, was das Baby in Utero an Erfahrungen sammelt. Vor allem positive Bindungserfahrungen schaffen die Grundlage für eine spätere, stabile, psychische und physische Gesundheit im Erwachsenenleben.

Zentraler Begriff der Bindungsanalyse: BINDUNG

Warum ist gerade die vorgeburtliche Bindung von außerordentlicher Bedeutung für die Bindung zwischen Mutter und Kind, sowie für die emotionale, Entwicklung des Babys und besonders die Entwicklung seines Gehirns?

Einer der führenden deutschen Neurobiologen und Hirnforscher Prof. Dr. Gerald Hüther erläutert die Bedeutung der vorgeburtlichen Erfahrungen und Erlebnisse folgendermaßen: **„Während seiner ersten neun Monate lernt ein Kind vermutlich weitaus mehr als im Verlauf seines gesamten späteren Lebens und was es bereits vor seiner Geburt an Bindungserfahrungen gelernt hat, ist offenbar ganz entscheidend für sein späteres Leben."**

Erlebt das Kind bereits vor seiner Geburt Bindungssicherheit, ist es in der Lage, schon früh ein **Selbstbewusstsein zu entwickeln**, das begleitet wird von der Erkenntnis des Selbstwertes.

Durch die Interaktionen mit der Mutter, durch die Bilder, die sie ihrem Baby schickt - unbewusst - jedoch im Rahmen der BA bewusst - **macht das Baby die Erfahrung, dass es wahrgenommen wird**. Es braucht ein Gegenüber, das ihm das spiegelt, dann erkennt es, dass es existiert!

Das Ungeborene bekommt alles mit, was seine Mutter beschäftigt, umtreibt, quält etc. also starke Emotionen wie Liebe und Hass, feinere Gefühlszustände wie Zweifel und Unentschiedenheit. Alles, was das Baby fühlt und wahrnimmt, formt seine Einstellung zum Leben, zu sich selbst und zu den Eltern. Ob es später überwiegend glücklich, traurig, angriffslustig, feige, selbstsicher oder von Angst gepeinigt sein wird, hängt größtenteils davon ab, welche Botschaften es in Bezug auf sich selbst im Mutterleib erhalten hat.

Nach den Erkenntnissen der modernen Entwicklungspsychologie, vor allem aber der Pränatalpsychologie wird die Persönlichkeitsentwicklung eines Kindes von der Zeugung an und die ganzen 9 Monate in der Gebärmutter geprägt. **(fetal imprinting/ programming).** Bereits in der Schwangerschaft beginnt die werdende Mutter, die kindliche Seele zu formen und das beste Mittel hierfür ist eine tiefe, intensive, positive, emotionale Bindung! Sie ist Synonym dafür, dem ungeborenen Baby Geborgenheit, Schutz und Sicherheit zu geben und ihm Zuverlässigkeit und Fürsorge zu vermitteln.

Für Kinder, gleich ob vor oder nach der Geburt stellt Bindung ein **absolutes Primärbedürfnis** dar und wenn dieses Bedürfnis bereits vorgeburtlich erfüllt wird, ist eine wirkungsvollere Grundlage geschaffen für eine seelisch und körperlich stabile Gesundheit im Erwachsenenalter, die Erwachsene zu stabilen, harmonischen und friedfertigen Beziehungen befähigt.

Welche positiven Auswirkungen hat die vorgeburtliche Bindung?

Die mit der BA begleiteten Kinder entwickeln sich tatsächlich anders. Sie sind viel besser in der Lage, ihre **Affekte und Emotionen zu regulieren und s**ie können viel **angemessener auf Stresssituationen reagieren** Die Entwicklung der Fähigkeit zur Affektregulierung braucht sich wiederholende sichere, tragfähige Bindungserfahrungen, die über hinreichend gute Fürsorge erlebbar sind.

Die BA Babys erwerben laut Raffai das, was man Psycho-Sozialkompetenz nennt, das heisst sie sind viel empathischer und einfühlungsfähiger als andere Kinder! Sie entwickeln Selbstvertrauen, dadurch fühlen sie sich viel sicherer, die Welt um sie herum zu erkunden. Wenn z.b. Geschwister in denselben Kindergarten oder in dieselbe Schule gehen und das eine Kind ist während der Schwangerschaft mit der Bindungsanalyse begleitet worden und das andere nicht, so bestätigen Kindergärtnerinnen und Lehrer große Unterschiede im Lern- und Sozialverhalten!

Der Kanadier Thomas Verny, ein weiterer Experte auf dem Gebiet der Pränatalpsychologie beschreibt die Wirkung von vorgeburtlicher Bindung sehr eindrucksvoll: „Ein sicher gebundener Mensch hat zutiefst Selbstvertrauen, Er weiß, dass alles gut gehen wird. Er weiß es mit der wundervollen Sicherheit eines Menschen, der von der ersten Stufe des Bewusstseins an gesagt bekam, dass er gewünscht ist und geliebt wird. Solche Eigenschaften wie Optimismus, Vertrauen, Freundlichkeit und Extravertiertheit sprudeln dann ganz natürlich aus diesem Gefühl hervor! (Auszug aus Verny's Buch: „Das Leben vor der Geburt")

Was kann die Förderung der vorgeburtlichen Bindung im Rahmen der Bindungsanalyse bewirken?

In erster Linie geht es bei der BA darum festzustellen, wie die **Bindungsfähigkeit** der werdenden Mutter beschaffen ist und deshalb gehört es zu den wichtigsten Aufgaben der BindungsanalytikerInnen, diese Fähigkeit zu stärken, eventuell vorhandene **Defizite aufzuspüren**, nach ihren **Ursachen zu suchen**, und die **Schwangere dazu anzuleiten, mentalen und emotionalen Kontakt zu ihrem Baby aufzunehmen.**

Wenn die Bindungsfähigkeit der Schwangeren gestört ist, wird es ihr sehr schwer fallen, diesen Kontakt herzustellen. Also muss nach Blockaden geforscht werden und dazu dient eine sehr ausführliche Anamnese!

Eine unpersönliche, beziehungslose Einstellung zum Kind hat erhebliche und lebenslang andauernde Folgen für das Kind! Ablehnung, die zu Abtreibungsversuchen geführt hat, die der Embryo aber überlebt hat, gehören zu den traumatischsten Verletzungen, die einem ungeborenen Baby zugefügt werden können. Diese Babys leiden als Erwachsene ihr Leben lang unter Bindungslosigkeit, Verlassenheitsängsten, Panikgefühlen, Vernichtungsängsten.

Ich werde zum Schluss meines Vortrages eine sehr gelungene Bindungsanalyse schildern, die deutlich macht, wie die Anwendung dieser Methode bewirken kann, dass aus einer anfänglichen ablehnenden Haltung zu Beginn einer Schwangerschaft eine liebevolle Annahme des Babys möglich geworden ist.

Wie ist die Bindungsanalyse strukturiert, bzw. wie läuft sie ab?

Der beste Zeitpunkt für den Beginn einer Bindungsanalyse ist zwischen der 12 und 17. SSW. Sie kann allerdings auch etwas später beginnen.

In einem Erstgespräch wird die Schwangere nach den Gründen gefragt, **warum** sie zur Bindungsanalyse kommt, **welche Erwartungen** sie hat und **welchen Zweck** die Bindungsanalyse erfüllen soll. Sie erhält zudem eine ausführliche Erläuterung, was die BA alles beinhaltet und wie sie abläuft.

Als zweites wird eine sehr ausführliche Anamnese erstellt, auf die ich in Kürze näher eingehen werde. Das Ausfüllen der Anamnese kann zuweilen bis zu 4 Stunden dauern, je nachdem was die Schwangere an „Gepäck" mitbringt.

Auf die Anamnese Erstellung folgen die sogenannten Babystunden. Üblicherweise treffen sich Schwangere und Bindungsanalytikerin **einmal pro Woche, möglichst am selben Tag zur selben Zeit,** damit sich das Baby an diese Regelmäßigkeit gewöhnt und sie zu einem festen Ritual wird. Auf diese Weise wird dem Baby Zuverlässigkeit vermittelt. Die einzelne Babystunde kann zwischen 45 und 60 Minuten dauern.

Zuerst erzählt die Schwangere, was sie in der Woche zuvor erlebt hat, eventuell aufgetretene Probleme werden besprochen, dann legt sich die Schwangere hin und wird von der Bindungsanalytikerin in einen Zustand der Tiefenentspannung geführt, wobei sie ihr bestimmte Instruktionen zur Kontaktaufnahme mit dem Baby gibt.

Dabei richtet die Schwangere ihre Aufmerksamkeit auf ihren Körper. In der Tiefenentspannung konzentriert sie sich auf Sinneseindrücke, Gefühle, Gedanken und Phantasien, die als symbolische Bilder auf ihrem inneren Bildschirm erscheinen können. Die werdende Mutter stellt sich auf das Baby und die inneren Bilder ein. Dadurch entsteht das, was Raffai als „INNEREN DIALOG" zwischen Mutter und Baby bezeichnet. Diese **Interaktion und Verbindung funktioniert in beide Richtungen. Sie ist, wie Raffai es nannte, die "Nabelschnur beider Seelen".**

Sobald die Verbindung mit dem Baby hergestellt ist, beginnt die werdende Mutter, ihrem Baby innere Bilder zu schicken und sie kann bildhafte Antworten vom Baby empfangen. Es kommt häufiger vor, dass es am Anfang für die Schwangere schwierig ist, die eigenen Bilder von den Bildern des Babys zu unterscheiden. Das ist ganz normal.

Ist der Kontakt mit dem Baby erst einmal hergestellt, lernt die Schwangere schnell zu differenzieren, welche Gedanken, Gefühle und Bilder von dem Baby kommen und welche von ihr stammen.

Das Wissen und die Hinweise über das Baby nehmen zu. Es entsteht eine Klarheit und Transparenz in der Mutter- Kind- Beziehung. Die Verbindung wird inniger und tiefer, sodass bereits zu einem sehr frühen Zeitpunkt in der Schwangerschaft die werdende Mutter erfährt, wie sich das Baby im Mutterleib fühlt, wie es sich entwickelt, welche Bedürfnisse es hat und welche Herausforderungen aktuell bestehen.

Zum Schluss verabschiedet sich die Schwangere von ihrem Baby und versichert ihm, dass sie sich bald wieder auf dieser Ebene begegnen werden. Was sie erlebt, gesehen und empfunden hat während des inneren Dialoges mit dem Baby wird anschließend mit der Bindungsanalytikerin besprochen. Alle weiteren Sitzungen folgen demselben Ablauf.

Im Laufe der Sitzungen kann das Baby mittels des inneren Dialogs beispielsweise auch auf anstehende, medizinische Interventionen wie zum Beispiel eine Ultraschalluntersuchung vorbereitet werden.

Ca. 4 Wochen **vor** dem errechneten Geburtstermin beginnen die sogenannten Geburtsvorbereitungsstunden, rund 5-6 an der Zahl, die 10 Tage vor dem errechneten Geburtstermin beendet sein müssen

Bei diesen Geburtsvorbereitungen werden Mutter und Baby auf die bevorstehende körperliche Trennung und den Ablauf der Geburt vorbereitet, die sie gemeinsam bewältigen. Mutter und Baby nehmen Abschied voneinander, um nach der Geburt wieder vereint zu sein.

Um diesen Ablöseprozess zu initiieren und zu begleiten hat Raffai ganz bestimmte Instruktionen ausgearbeitet, die die Mutter ihrem Baby vermittelt.

Nach der letzten Sitzung wird die Schwangere mit der Hausaufgabe entlassen, die **Generalprobe der Geburt** jeden Tag gemeinsam mit dem Baby durchzugehen. Damit ist die Bindungsanalyse beendet!

Ca. 4-6 Wochen nach der Geburt treffen sich Mutter und Bindungsanalytikerin, um über die Geburt zu sprechen und darüber, wie sich das Baby entwickelt hat. Diese Informationen werden in einen ersten Fragebogen eingetragen und nach 6 Monaten folgt ein weiterer Fragebogen, der, wie auch der erste, zu statistischen Erhebungen verwendet wird und der die wichtigsten Informationen über die weitere Entwicklung des Babys enthält.

Eine Bindungsanalyse ist dann erfolgreich gewesen, wenn erstens die Schwangere einen Reifeprozess durchlaufen hat und wie Raffai es ausdrückt „**vom Kind ihrer Mutter zur Mutter ihres Kindes geworden ist**", also alle Bindungsabhängigkeiten geklärt worden sind. **Und zweitens wenn die Geburt ohne Komplikationen verlaufen ist.**

AUSARBEITUNG EINER ANAMNESE

Der Ausgangspunkt für die Einschätzung der Bindungsbeschaffenheit der Schwangeren ist die Ausarbeitung der sogenannten Anamnese, die der Bindungsanalytikerin das Rüstzeug an die Hand gibt, um zu ermitteln, wie die Bindung gefördert werden kann.

Sie haben sicher bereits bemerkt, dass ich überwiegend die weibliche Form - also **Bindungsanalytikerin** - verwende weil sich überwiegend Frauen aus den verschiedensten Berufsbereichen für das Erlernen der BA interessieren -

Die Schwangere füllt gemeinsam mit der Bindungsanalytikerin den sehr umfangreichen Fragenkatalog aus, was zuweilen durchaus 4 Stunden in Anspruch nehmen kann.

Als erstes werden die formalen Daten aufgenommen, z.B. die wievielte Schwangerschaft liegt vor, die wievielte Schwangerschaftswoche, wann ist der errechnete Geburtstermin und, wenn bekannt, wann war der Zeugungstermin?

Als nächstes kommt die Frage nach den Gründen, warum sie mit einer Bindungsanalyse begleitet werden möchte. Welche Erwartungen hat die Schwangere? Hier können die Antworten schon sehr aufschlussreich sein!

Danach geht es gleich ins Eingemachte mit der Frage: Ist das Baby geplant, zufällig, ungewollt? Wie waren die ersten Empfindungen, als die Schwangere erfahren hat, dass sie ein Kind erwartet? Weiterhin wird danach gefragt, ob sie bereits irgendeinen Kontakt zum Baby gespürt hat, z.B. energetisch, intuitiv, körperlich).

Dann kommt die wichtige Frage nach dem Partner. Wie ist die Beziehung zum Partner? - Alter, Beruf? Wie lange kennen Sie sich? Leben Sie zusammen? Gab es schon eine oder mehrere Krisen? Wenn ja, wie konnten diese gelöst werden? Die Schwangere wird gebeten, ihren Partner genau zu beschreiben. Aus den Antworten lässt sich wieder sehr viel ablesen!

Als nächstes wird nach der Einstellung des werdenden Vaters zum Baby gefragt. Wie war seine Reaktion, als er von der Schwangerschaft erfuhr?

Es folgen weitere Fragen, die eventuelle Probleme mit der aktuellen Schwangerschaft betreffen. Hat die Schwangere negative oder ablehnende Gedanken in Bezug auf ihr Baby, zu Beginn oder im Verlauf der Schwangerschaft ?

Eine weitere bedeutsame Frage betrifft eventuell erlebte Verluste von gefühlsmäßig bedeutsamen Personen, durch Tod oder Trennung.

Im Anschluss daran wird gefragt, ob es in der Vergangenheit zu Fehlgeburten oder Abtreibungen gekommen war. Wird die eine oder andere Frage bejaht, wird weiter gefragt, ob nach dem Verlust eines Kindes in Utero Trauerarbeit geleistet worden ist oder ob eine vorgenommene Abtreibung die Schwangere in Gedanken oder Träumen noch immer beschäftigt ?

Dann wird die Schwangere gebeten, spontan etwas über ihre Mutter und ihren Vater auszusagen und eine genauere Beschreibung zu geben. Gab es Belastungen in der jeweiligen Beziehung? Wie kann die Beziehung zu beiden in der Kindheit charakterisiert werden und wie sieht sie heute aus?

Weiß die Schwangere, ob sie selbst geplant, zufällig oder ungewollt war und wie war ihr eigenes Empfinden?

Darauf folgt die **Kernfrage: Wie war die eigene Schwangerschaft und Geburt der jetzt selber schwangeren Frau?** Gab es Besonderheiten, Probleme, war die Schwangerschaft gefährdet? Hatte die Mutter während SS einen Verlust erlitten? Wie verlief die Geburt: War sie eine Frühgeburt, erfolgte die Geburt zum errechneten Termin, wurde übertragen? Wie war der genaue Verlauf, wurde die Geburt eingeleitet, gab es eine lange Austreibungsphase, kam es zu einer Sturzgeburt? - Welche geburtshilflichen Eingriffe wurden verwendet?. Wurden Schmerzmittel verabreicht oder eine Anästhesie vorgenommen. War ein Kaiserschnitt von vorne herein gewünscht geplant. War eine Not-Sectio nötig? Kam es nach der Geburt zu einer Trennung von der Mutter? Hatte das Stillen reibungslos funktioniert?

Natürlich werden die gleichen Fragen anschließend über den Verlauf der Schwangerschaft und die Geburt des Mannes gestellt.

Und selbstverständlich darf auch die Schilderung der Beziehung zu den Schwiegereltern nicht fehlen, ebenso wenig wie die Erläuterung der Beziehung des Partners zu seinen Eltern.

Weitere allgemeinere Fragen folgen, wie z.B. ob die Schwangere generell mit ihrem Leben, ihrer Partnerschaft, und ihrem Beruf zufrieden ist?

Abschließend werden Fragen zum Alltag und den Lebensbedingungen gestellt, wobei die Schwangere gebeten wird, einen typischen Tag ganz ausführlich vom Aufstehen bis zum Schlafengehen zu schildern und wie sie die Wochenenden verbringt. Auch hier sind die Antworten für die Bindungsanalytikerin sehr aufschlussreich.

Die Bindungsanalytikerin arbeitet anschließend die Anamnese im Hinblick auf Bindungsauffälligkeiten gründlich durch und spricht, das, was ihr auffällt, in den nachfolgenden Babystunden an.

Wie funktioniert der innere Dialog zwischen Mutter und Baby ?

Es gibt zwischen Mutter und Kind drei verschiedene Verbindungswege, Kommunikationskanäle, durch die die Informationen hin und her fließen.

1. Die **physiologische/biologische Verbindung**: Regt sich z.b. die Schwangere über etwas auf, schüttet sie entsprechende Stresshormone aus, die über die Plazenta zum Kind gelangen.

2. Die **körperliche Ebene**, z. B. wenn die Schwangere ihren Bauch streichelt, wirkt sich das beruhigend auf das Baby aus.

3. Die **empathisch/intuitiv/emotional-mentale Ebene**. Letztere ist die Ebene, auf der die BA abläuft.

Auf dieser 3. Ebene wiederum gibt es mehrere Kommunikationswege, auf denen die Schwangere und ihr Baby in mentalen und emotionalen Kontakt treten können. Diese inneren Kommunikationswege beschreibt Raffai als „die Nabelschnur der beiden Seelen". Die Kommunikation findet hier zwischen der werdenden Mutter und ihrem Baby über den Austausch von Bildern und Gefühlen statt, bis hin zu worthaften Dialogen.

Die Schwangere baut über den inneren Dialog ihre Bindung zum Baby auf und festigt sie im Laufe der Schwangerschaft derart, dass die Geburt von Mutter und Baby gemeinsam durchgeführt werden kann.

Es gibt unzählige Forschungen über das Verhalten der Hirnwellen im Zustand der Tiefenentspannung. Die sogenannten **Alphawellen** sind das Tor zur Tiefenentspannung und unterstützen das Visualisieren innerer Bilder. Gehen wir tiefer in die Entspannung, schaltet unser Hirn um auf **Theta Wellen. In diesem Bereich befinden sich unsere unbewussten seelischen Anteile.** Man kann sagen, dass diese Theta Wellen des Babys in gleicher Weise funktionieren und dass sich Mutter und Kind auf dieser Ebene begegnen.

Raffai formuliert das folgendermaßen: „In dem gemeinsamen Bindungsraum teilen sie ihre Seeleninhalte einander auf ganz natürliche Weise mit."

Wissenschaftliche Erkenntnisse haben es ermöglicht zu überprüfen, dass und wie der innere Dialog funktioniert und es ist sogar nachweislich möglich, negative Gedanken, die eine Schwangere zu Beginn einer Schwangerschaft gehabt hat, im Dialog mit dem Baby aufzugreifen. Ich gebe Ihnen ein konkretes Beispiel:

Eine Schwangere erwähnte im Verlauf der Babystunden, dass sie mit ihrem Partner nach dem Zeugungsakt, von dem sie genau wusste, wann dieser war, über eine mögliche Abtreibung gesprochen hatte - O-Ton: „Sollte ich heute Nacht schwanger geworden sein, was machen wir dann?

Sie erhielt in der Babystunde von der Bindungsanalytikerin die Instruktion, ihrem Baby Bilder dieses Gespräches zu senden und zu erklären, dass ihr ihre Gedanken von damals an eine Abtreibung sehr leid tun und dass sie, als sie erfahren hatte, dass sie wirklich schwanger war, sich sehr auf ihr Baby gefreut hat. Der kleine Bub reagierte und schickte der Mutter das **Bild einer weißen Taube.**

Sie hat die Rückmeldung ihres Babys sofort und intuitiv verstanden. Ihr Baby hat ihr das Bild einer Friedenstaube geschickt und damit zum Ausdruck gebracht, dass er sie verstanden und ihr verziehen hat. Er kam in der 41. Woche nach leichter und schneller Geburt zur Welt und ist von Anfang an ein sehr fröhliches und ausgeglichenes Baby gewesen. Der innere Dialog in der beschriebenen Form kann so nur während der Schwangerschaft geführt werden, weil sich beide in ein und demselben Körper befinden.

Vorteile der BA für Mutter und Kind:

Vorteile für die Schwangere:

- Die Bindungsanalyse fördert das positive Erleben der Mutter während der Schwangerschaft, der Geburt und in der Stillzeit.
- Sie festigt die emotionale Bindung zwischen Mutter und Kind.
- Sie hat einen positiven Einfluss auf das Stillverhalten.
- Die Geburten verlaufen im Durchschnitt sehr viel leichter und schneller, sind weniger schmerzhaft und erfordern seltener eine Anästhesie oder die Zuhilfenahme geburtsunterstützender Mittel.
- Sie trägt zur psychische Stabilisierung der Schwangeren bei, reduziert ihre Ängste und zeigt Möglichkeiten der Stressbewältigung auf

Vorteile für das Baby:

- Die mit der Bindungsanalyse begleiteten Babys weisen weniger durch die Geburt verursachte Kopfverformungen auf, die sich im übrigen sehr schnell zurückbilden, wenn sie denn in abgemilderter Form auftreten.
- Bauchkoliken und Schreiattacken treten deutlich seltener auf.
- Die BA-Babys schlafen schneller die ganze Nacht durch und wirken insgesamt viel ausgeglichener und in sich ruhender.
- Die psychomotorische Entwicklung macht schnellere Fortschritte.
- Die BA-Babys weisen von Anfang an eine stärkere Sozialkompetenz auf.
- Ihre Affektregulierung funktioniert besser.
- Durch die Bindung, die das vorgeburtliche Kind bereits im Mutterleib erlebt hat, hat es ein starkes Selbstvertrauen entwickelt. Es erkundet seine Umgebung neugierig und geht auf andere Menschen unbefangener zu.

Ich gebe Ihnen im folgenden eine kurze statistische Übersicht:

Eine BA-Kollegin, Frau Anne Görtz-Schroth hat anhand der Auswertung der beiden eingangs erwähnten Fragebögen (die die Mutter nach einem und dann nach 6 Monaten ausfüllt) eine sehr bezeichnende Statistik erstellen können:

Sie hat 188 Geburten von 37 Bindungsanalytikerinnen ausgewertet. Es wurde gefragt nach Beginn und Umfang der BA, Geburtswoche, Dauer und Verlauf der Geburt, Einsatz von Medikamenten und geburtshilflichen Eingriffen, dem nachgeburtlichen Verhalten des Kindes (Schlafen, Weinen, Stillen), Anzeichen einer postpartalen Depression

- **56 % (106 Schwangere) von ihnen kamen ohne größere geburtshilfliche Mittel aus und 36 % (68 Schwangere) ganz ohne geburtshilfliche oder medikamentöse Eingriffe**
- **Bei 76 % (142 Schwangere) kam es zu einem spontanen Geburtsbeginn**
- **12 % (23 Schwangere) hatten einen Kaiserschnitt – laut Deutschem Hebammenverband lag die Kaiserschnittrate in Deutschland 2015 z.B. bei 31,1 %.**

Laut WHO und Untersuchung des Deutschen Ärzteblatts ist eine Kaiserschnittrate von max. 15 % für medizinisch erforderlich.

Die **GEBURTSDAUER** betrug bei nahezu der Hälfte aller Frauen (49,5 %) maximal 6 Stunden.

Thema Stillen:

Nur 3 Frauen von den 188 haben überhaupt nicht gestillt (1,5 %)

12 Frauen (6,5 %) stillten teilweise und kürzer als 6 Monate. Nach der Geburt gelang das Stillen also 98,4 % der Frauen, 92% (173 Mütter) stillten noch nach 6 Monaten.

ZUM VERGLEICH: Nach einer 2014 durchgeführten Untersuchung wurden in Deutschland nur 22% der Kinder mit 6 Monaten noch gestillt.

POSTPARTALE DEPRESSION

- **Unter den Frauen, die mit der BA begleitet wurden, trat sie nur mit einer 2%igen Häufigkeit auf, d.h. bei 4 Frauen (von insgesamt 188 !)**
- **Bei weiteren 2 % (also 4 Frauen) zeigten sich einige Symptome einer Postnatalen Depression.**
- **Nur 5 % (10 Frauen) wiesen leichte Symptome des sogenannten Babyblues auf.**
- **Zum Vergleich: In Deutschland tritt er mit einer Häufigkeit von ca. 80% auf.**

- 96,5 % der untersuchten Frauen waren völlig frei von Postnataler Depression und Babyblues.

Zum Vergleich: Die WHO gibt die Rate für PD weltweit mit 19% an!!!

In den ausführlichen Kommentaren sagte die überwiegende Mehrheit der Mütter aus, dass ihre Babys wenig schreien und sich leicht trösten lassen.

Zum Vergleich: Laut Angaben der Deutschen Gesellschaft für Kinder und Jugendpsychiatrie gelten ca. 20% der Neugeborenen als Schreibabys.

Ich fasse die wichtigsten Zahlen kurz zusammen:

	mit BA	ohne BA
• frühgeborene Babys	5,5%	9,2%
• Kaiserschnitt	12%	31,1%
• Geburtsort, außerklinisch	19,5%	1,3%
• Stillquote nach Geburt	98,5%	82%
• Stillquote nach 6 Monaten	92%	22%
• Postpartale Depression	2%	19%
• Babyblues	5%	80%
• Schreibabys	0%	20%

Diese Statistik ist eventuell für diejenigen bedeutsam, die sich mit Babys und Kleinkindern und ihren Auffälligkeiten nach der Geburt befassen. Stichwort: Frühe Hilfen. Die Anamnese der Mutter müsste entsprechend angepasst werden, um etwaige traumatische Erfahrungen während Schwangerschaft und Geburt nachvollziehen zu können.

Anne Görtz zieht aus ihren Erhebungen folgendes Fazit:

Jenö Raffais Methode der Bindungsanalyse hat bis heute vielen Familien das Hineinwachsen ins Elternsein erleichtert, ihnen Kummer und Leid erspart und der ganzen Familie eine glücklichere und entspanntere Babyzeit geschenkt. Den sicher gebundenen Babys bleiben seelische und körperliche Schmerzen erspart und sie können unbelasteter ins Leben starten. (Anne Görtz-Schroth)

Für wen eignet sich die Bindungsanalyse ?

- Selbstverständlich für **jede Schwangere**, gleich ob sie nun Bindungsprobleme oder andere Probleme hat oder nicht. Der Kontakt zum Baby ist das Wichtigste.

- Für jede Frau, die eine **dramatische Geburt erlebt** oder **nach einer Geburt unter einer Wochenbett Depression** gelitten hat.

- Für Frauen, die eine **Fehlgeburt** erlitten haben und die Trauer darüber vielleicht noch nicht ganz verarbeitet wurde.

- Für Frauen, die nur **schwer schwanger werden** können, aus welchen Gründen auch immer.

- Als Begleitung nach einer künstlichen Befruchtung.

- Für **Erstgebärende, die große Angst vor der Geburt** haben.

- Für Frauen, die vielleicht entdeckt haben, dass sie zu Beginn ihrer Schwangerschaft **Zwillinge oder sogar Mehrlinge** in ihrer Gebärmutter hatten, von denen aber einer oder mehrere im ersten Trimester oder später zu einem konkreten Zeitpunkt gestorben sind oder sich langsam aufgelöst haben

- Als **Vorbereitung** eines Kindes auf einen anstehenden **Kaiserschnitt.**

- Für **Frauen mit Missbrauchserfahrung**

- Bei **unerfülltem Kinderwunsch**

Bowlby's Bindungskonzept und der Übertragung auf die Bindungsanalyse

John Bowlby, englischer Kinderpsychiater und Psychoanalytiker, hat in den 1950er Jahren die Bindungstheorie entwickelt. Nach dem 2. Weltkrieg hatte die WHO Bowlby damit beauftragt, die psychische Entwicklung von Kriegswaisen und ihre elementarsten Bedürfnisse zu erforschen.

Bowlby hat vor allem ganz ausführlich über die Auswirkungen **fehlender mütterlicher Fürsorge** berichtet. Und die mütterliche Fürsorge beginnt natürlich bereits in der Schwangerschaft.

Eine von Bowlby's Kernaussagen lautet: „Die Fähigkeit, Bindungen zu anderen Personen aufzubauen, wird als ein grundlegendes Merkmal einer effektiv funktionierenden Persönlichkeit und psychischer Gesundheit betrachtet." Bindungserfahrungen werden verinnerlicht, beeinflussen die Qualität der Beziehung zu den Mitmenschen später im Leben. Das wird vor allem an einer intakten Gefühlsregulation in belastenden Situationen sehr deutlich.

Ergänzend zum Bindungsverhalten des Kindes verhält sich die elterliche Fürsorge, die eine weitere Komponente menschlichen Verhaltens darstellt. Eine sichere Bindung ist Bedingung für eine gesunde Entwicklung. Liebevolle Fürsorge und Befriedigung der Grundbedürfnisse sind prägend für die Entwicklung des kindlichen **Urvertrauens.** Das wird dann möglich, wenn das Kind zuversichtlich ist, dass seine Eltern verfügbar, feinfühlig und zuverlässig sind. Somit dient sichere Bindung der **Salutogenese**, der Schaffung von Gesundheit.

Wie immer auch die verschiedenen Bindungserfahrungen beschaffen sein mögen, im Verlauf der Bindungsanalyse werden sie **benannt, gefühlt, wieder erlebt und verarbeitet.** Entscheidend ist hierbei, dass alles als Erwachsene erlebt und verarbeitet werden kann, weil hier und jetzt andere Ressourcen zur Verfügung stehen als in den Tagen der Kindheit. Was damals lebensbedrohlich war oder so wirkte, kann ganz anders verarbeitet werden.

Nach Bowlby gibt es 4 verschiedene Bindungsverhaltensmuster:

1. "sicher"
2. "unsicher-vermeidend"
3. "unsicher-ambivalent"
4. unsicher- desorganisiert"

Ein **sicher-gebundenes** Kind hat Vertrauen in die Zuverlässigkeit und Verfügbarkeit der Bindungsperson. Es zeigt sich demzufolge empathischer, kooperativer und sozial-kompetenter gegenüber Mitmenschen, entwickelt ein ausgeglicheneres Affektsteuerungs- und Kommunikationsverhalten.

Im Erwachsenenalter entspricht dies einem sicher-autonomen Bindungsstil. Das bedeutet in Bezug auf eine schwangere Frau, dass sie verantwortlich, fürsorglich und selbstbewusst mit ihrer Schwangerschaft umgeht, ihr Baby zu schützen weiß und mit sich selbst ebenfalls liebevoll umgeht.

Das **unsicher-vermeidend gebundene** Kind hat die Bindungsperson als zurückweisend verinnerlicht. Sie zeichnet sich z.B. durch einen Mangel an Affektäußerung, durch Ablehnung und Aversion gegen Körperkontakt aus. Das Kind kann kein Vertrauen auf Unterstützung entwickeln, sondern erwartet Zurückweisung.

Mit Bezug auf eine schwangere Frau würde dies bedeuten, dass sie ihr Baby z. B. nur schwer annehmen kann, dass sie ihrem Baby gegenüber vielleicht rücksichtslos agiert, indem sie beispielsweise übermäßig Sport treibt, weiterhin raucht und mit Stresssituationen nicht gut umgehen kann.

Das **unsicher-ambivalent gebundene** Kind ist stark auf die Bindungsperson fixiert. Für dieses Kind ist die Bindungsperson nicht berechenbar, d.h. nicht zuverlässig. Erwachsene sind in Beziehungen oft wie gefangen. Für sie sind die meisten Beziehungen in affektiver Hinsicht negativ besetzt. Dieser Bindungsstil von Erwachsenen wird auch **als bindungsverstrickt** bezeichnet.

Wieder übertragen auf eine schwangere Frau, könnte dies beispielsweise bedeuten, dass sich hinter ihrem Kinderwunsch die unbewusste Absicht verbirgt, mit einem Baby den Partner unbedingt halten zu wollen.

Das **unsicher-desorganisiert-gebundene** Kind hat die Erfahrung gemacht, dass die Bezugs- bzw. Bindungsperson keine sichere Basis für Schutz und Sicherheit bildet. Eventuell hat die Bindungsperson Erfahrungen von Missbrauch, Misshandlung und/oder schmerzhafter Trennung und/oder Verlust erlebt.

Für eine Schwangere könnte das bedeuten, dass sie ihre massiven Ängste auf ihr ungeborenes Kind überträgt, das im Erwachsenenalter eventuell unter Panikattacken und Angststörungen leidet und sich gegen sexuelle oder gewalttätige Übergriffe nicht zur Wehr setzen kann.

Die Bindungserfahrungen werden zu mentalen also inneren symbolischen Repräsentanzen, die Bowlby als "innere Arbeitsmodelle" bezeichnete. Das ist genau das, was Prof. Hüther **innere Bilder** nennt, die im Hirn des Babys entstehen. Durch die internalisierten Bindungserfahrungen bildet sich entweder ein sicheres oder unsicheres Bindungsmuster heraus. Diese Erfahrungen regulieren das Verhalten des Kindes zur Bezugsperson und strukturieren später das Verhalten und Erleben des Erwachsenen in allen emotional relevanten Beziehungen.

Eine sichere Bindung ist demzufolge ein Schutzfaktor, eine unsichere Bindung ein Risikofaktor. **Die Klärung der Bindungsbeschaffenheit der Schwangeren und ihre Stärkung ist demzufolge entscheidend für das psychische Wohlergehen des Babys.**

Bindungsstörungen, die eine Schwangerschaft beeinträchtigen können

Es ist nicht die Aufgabe der Bindungsanalyse sogenannte Bindungspathologien zu therapieren. Ich wiederhole noch einmal, die Bindungsanalyse ist keine psychoanalytische Therapie.

Die Frauen, die in die Bindungsanalyse kommen, können Bindungsauffälligkeiten, Bindungsbelastungen oder Bindungsstörungen aufweisen, die sich im Schweregrad und in der Beeinträchtigung, die durch sie verursacht wird, unterscheiden.

Ich habe bereits einige Beispiele genannt, wie sich Bindungsstörungen bei Erwachsenen äußern, deren Ursachen in ihrem vorgeburtlichen Leben und Erleben angesiedelt sind. Wenn bindungsunsichere Eltern die Erfahrung gemacht haben, dass ihre eigenen Bindungsbedürfnisse als Kind zurückgewiesen oder sogar von den Eltern abgelehnt wurden, können sie die Bindungssignale ihres eigenen Kindes nicht wahrnehmen und reagieren ebenfalls mit Zurückweisung und Ablehnung. Diese Art von Bindungsmuster kann über mehrere Generationen hinweg immer weiter wiederholt werden.

Um diesen Teufelskreis zu unterbrechen, sollten sich zukünftige Eltern mit dem Thema ihrer eigenen Bindungserfahrungen auseinandersetzen und die Fragen klären, inwieweit sie sich entweder gut gebunden fühlten oder ob die Bindung zu den Eltern problembehaftet war oder immer noch ist.

Es gibt Bindungsbelastungen, die zwar nicht pathologisch sind, dennoch gravierende Auswirkungen auf das ungeborene Kind haben können. Dazu möchte ich Ihnen ein anschauliches Beispiel geben: Bei der Aufnahme der Anamnese erzählte eine Schwangere dass sie überhaupt nicht sicher sei, ob ihr Partner, von dem sie das 3. Kind erwartete, wirklich „der Mann für's Leben" wäre. Als sie ihre Bindung zum Vater beschrieb, stellte sich heraus, dass der Vater ihren Partner nicht sonderlich mochte.

Es wurde immer deutlicher, dass die Schwangere die negative Einstellung ihres Vaters zu ihrem „Partner" unbewusst übernommen hatte. Sie war immer Papas Prinzessin gewesen und Papa machte sich auch heute noch unentbehrlich, in dem er immer noch alles für sie tat. Die Übertragung der negativen Einstellung des Vaters zum Partner wirkte sich recht dramatisch auf die Geburt ihrer beiden ersten Kinder aus. Beide kamen zu früh auf die Welt (27. & 28. Woche), mussten viele Wochen im Krankenhaus bleiben und wiesen zahlreiche Selbstregulierungsstörungen auf.

Es hatte tatsächlich den Anschein, als ob sich die Mutter nicht gestattete, lebensfähige Kinder von einem Mann zu bekommen, den ihr Vater nicht mochte! Sie erhielt in der Bindungsanalyse die Aufgabe, 2 Listen zu erstellen, in die eine sollte sie die negativen Bemerkungen des Vaters über ihren Partner eintragen und in die 2. Liste alle Eigenschaften des Partners aufzählen, die sie schätzte.

Eine Analyse der beiden Listen machte deutlich, dass sie bewusst ihren Partner schätzte, jedoch unbewusst, die negative Haltung ihres Vaters angenommen hatte. In der Psychologie nennt man das „projektive Identifikation". In den verbleibenden Wochen der Schwangerschaft lernte sie, ihrem Vater gegenüber Grenzen zu setzen, sich mehr ihrem Partner zuzuwenden mit dem Erfolg, dass ihr 3. Kind in der 41. Woche problemlos zur Welt kam!

Generell lässt sich über Bindungsstörungen sagen, dass Erwachsene bestimmte Symptome aufweisen können, wie z. B. Kontrollzwang, Unfähigkeit Liebe und Zuneigung anzunehmen, fehlende Empathie und Vertrauen, Angst vor Verantwortung. Gefühle der Verwirrung, der Angst und der Traurigkeit kommen meist hinzu.

Ich fasse kurz zusammen:

Bindungsstörungen entstehen auf der Grundlage belasteter Bindungserfahrungen erlebt in der Pränatalzeit, wobei negative Bindungsmuster von Generation zu Generation weitergegeben werden können.

Wie gehen die BindungsanalytikerInnen mit diesen unterschiedlichen Bindungsmustern um, die schwangere Frauen in die Bindungsanalyse mitbringen?

Die Antwort liefert die Anamnese, bzw. die Biografie der Schwangeren. In der Ausbildung zum Bindungsanalytiker/bzw. Bindungsanalytikerin lernen die Teilnehmer, wie die Angaben der Schwangeren zu deuten sind (zu analysieren), welche Hinweise auf Bindungsauffälligkeiten sich hinter der Beschreibung der Bindung zu den Eltern und zum Partner verbergen.

In fast allen Fällen steht ein immer noch vorhandenes, emotionales Abhängigkeitsverhältnis, das viele Facetten haben kann, im Vordergrund.

Deshalb setzt Raffai die Begleitung von Schwangeren mit der Bindungsanalyse der „Initiierung eines Reifeprozesses gleich, in dessen Verlauf die Schwangere vom Kind ihrer Mutter zur Mutter ihres Kindes wird.

Wie wirkt sich Stress der Mutter auf das ungeborene Baby aus?

Was kann die Bindungsanalyse leisten ?

Ein ungeborenes Baby, das wochen- und monatelang mütterlichem Stress ausgesetzt ist, kann eben nicht einfach aus der Gebärmutter aussteigen, um der Überschüttung mit Stresshormonen zu entkommen.

In zahlreichen Untersuchungen wurde nachgewiesen, dass ein erhöhter Stresshormonspiegel bei schwangeren Frauen nachhaltige Auswirkungen auf das Baby habt. Die Erfahrungen von vielleicht sogar lebensbedrohlichen Stresssituationen prägen sich auf tiefere Bewusstseinsebenen des Babys ein. Schwere Ängste oder Panikattacken gehen deshalb oft auf traumatische Ereignisse vor der Geburt zurück.

Gehirn, Geschlechtsorgane und Herz treten im dritten Schwangerschaftsmonat in ein wichtiges Entwicklungsstadium ein, wo auch relevante Hormone zu wirken beginnen. Ein Übermaß an Stresshormonen während der Schwangerschaft kann also die Ursache für verschiedene spätere Erkrankungen sein. Wenn unter Stress stehende Mütter Stresshormone an ihre Kinder weitergeben, besteht bei diesen ein erhöhtes Risiko an Allergien, Asthma, Störungen des Immunsystems, Bluthochdruck, u.v.m. zu erkranken.

Inzwischen hat die Forschung auch nachgewiesen, dass sich bereits prä-konzeptioneller Stress, **also Stress noch vor der Empfängnis des Kindes,** auf die spätere Schwangerschaft auswirkt, unabhängig davon wann und wie lange davor der Stress der Mutter angedauert hatte.

Beim Neugeborenen beispielsweise lässt sich anhand verschiedener Parameter erkennen, ob es unter Stress gestanden hat. Es weist eine erhöhte Pulsfrequenz auf, ist auffallend unruhig und wirkt insgesamt diffus und unkoordiniert in seinen Bewegungen.

Die wichtigsten Stressfaktoren:

In einer groß angelegten Studie haben Wissenschaftler aus den unterschiedlichsten Fachbereichen die folgenden Stresskategorien zusammengestellt:

- Veränderung der Lebensumstände, dazu gehören Berufswechsel, Ehescheidung, Umzug usw.;

- Alltagssorgen, wie Geldprobleme, Burn-Out Symptomatik oder kranke Familienmitglieder, wenn sie eine permanente Belastung darstellen, Armut, beengte Wohnverhältnisse, belastende Partnerbeziehungen, Gewalttätigkeit in der Familie, ungünstige Bedingungen am Arbeitsplatz, Umweltbelastungen,

- Dauerhafter Stress durch nicht verarbeitete Erlebnisse wie beispielsweise Kindheitstrauma, sexuelle Gewalterfahrungen, Verlust einer geliebten Person, vorangegangene Fehl- oder Totgeburten, Abtreibungen, Flucht; Kriegserfahrungen:

- Chronischer Stress, hervorgerufen durch eine permanente Überforderung im Alltag;

- Stress, der sich in körperlichen Symptomen, wie zum Beispiel Rückenschmerzen, Depressionen oder Schlaflosigkeit äußert, und zu einer Dauerbelastung wird;

- Schwangerschaftsbedingte Ängste aufgrund vorangegangener Fehlgeburten, Tendenz zu Fehlgeburten bei den eigenen Müttern und Großmüttern, Probleme in der Partnerschaft, andere familiäre Probleme.

- Mütterliche Depressionen

Innerhalb der Bindungsanalyse ist es an erster Stelle wichtig, Ursachen und Gründe für die jeweilige Stresssituation aufzudecken, zu thematisieren und zu bearbeiten. Gemeinsam mit der Bindungsanalytikerin wird nach Lösungen gesucht, um eine Änderung der belastenden Situation herbeizuführen. Dies kann u.a. mit Hilfe von Visualisierungsübungen erfolgen, bei denen die Schwangere in Gedanken mehrere Möglichkeiten durchspielt, wie sie in stressbelasteten Situationen anders reagieren könnte, als sie es bislang getan hat. Die Schwangere wird vor allem darin bestärkt, Hilfe und Unterstützung vom Partner oder anderen Familienmitgliedern einzufordern.

In diesem Zusammenhang gibt es in der Bindungsanalyse eine klassische Übung, bei der die Mutter ihrem Baby die wichtige Information übermittelt, dass die Stresssituation, in der sie sich im Moment befindet, nichts mit ihrem Baby zu tun hat. Das bewirkt, dass sich **das Baby vom Stress der Mutter distanzieren kann**, da es ja bereits ein denkendes, fühlendes, interaktives Wesen ist und man sicher sein kann, dass diese Botschaft bei dem Baby ankommt.

Wie erlebt ein Baby seine Geburt?

Die Geburt ist die erste psychische und physische Schockerfahrung, die ein Baby macht und die in allen seinen Zellen gespeichert ist. War sie sehr traumatisierend, wird sie oft im Kleinkindalter und selbst noch im Erwachsenenalter re-inszeniert.

William Emerson, der bekannteste Erforscher von Geburtsauswirkungen ist aufgrund seiner langjährigen Erfahrungen zur Überzeugung gelangt, dass _alle_ medizinischen Eingriffe während der Geburt langfristige körperliche und seelische negative Konsequenzen für die Persönlichkeitsentwicklung des Menschen haben.

Emerson hat in einer Studie ermittelt, dass ca. **45 % der Babys ein sehr starkes Geburtstrauma**, ca. **50 % ein leichtes bis mäßiges und** nur 5 % kein Geburtstrauma erlitten haben!

Warum treten Geburtstraumata immer häufiger auf?

* durch die Zunahme geburtshilflicher Techniken wie: Anästhesie, Geburtseinleitung, Wehenbeschleunigung, Einsatz von Zange und Saugglocke
* aufgrund pränatalen Stresses der Schwangeren
* durch pränatale Traumatisierungen bereits in der Schwangerschaft (Abtreibungsversuche, Ablehnung des Babys, usw..)

Der folgenschwerste Eingriff ist laut Emerson jedoch der Kaiserschnitt (ausgenommen sind die Fälle, in denen ein echter medizinischer Notfall vorliegt).

Umfangreiche klinische Forschungen über die unmittelbaren symptomatischen Auswirkungen des Kaiserschnitts haben folgendes nachgewiesen:

Bei den sogenannten Schreibabys besteht ein direkter Zusammenhang zwischen dem Geburtstrauma und heftigen Schreiattacken in den ersten Lebensmonaten. Die Babys nutzen Schreien und Weinen, um den unter der Geburt erlebten Stress auszudrücken und abzureagieren

Die Kaiserschnitt Erfahrung ist mit Gefühlen von Angst, Panik, Wut, Ohnmacht und dem Gefühl verbunden, etwas nicht aus eigener Kraft geschafft zu haben.

Nach der Geburt zeigen sich bestimmte Auswirkungen, wie mangelndes Durchschlafen, Fütterungs- und Verdauungsstörungen, Affektregulierungsstörungen, vor allem aber und das ist noch bedeutsamer: **Bindungsstörungen.**

Selbst wenn sich eine innige emotionale Bindung pränatal entwickelt hat, wird diese durch das abrupte, vom Baby unerwartete Herausnehmen aus der Gebärmutter unterbrochen.

Emerson beschreibt es anschaulich: Körper und Geist wehren sich gegen Traumatisierung und Schock durch ein natürliches körperliches Dämpfen. Diese Selbst-Anästhetisierung ist die Folge hormonaler Veränderungen während des Trauma Prozesses. Sind Körper und Geist gedämpft und vom Stress erschöpft, vermindert sich Quantität und Qualität der Bindungsfähigkeit.

Normalerweise ist das Baby an der Auslösung der Geburt beteiligt, das geschieht durch eine in das Fruchtwasser abgesonderte Substanz, die signalisiert, dass seine Lungen reif sind.

Mutter und Kind schließen die Reifung der Lungen ab durch die Hormone, die während der Geburt ausgeschüttet werden. Deshalb kann man daraus schließen, dass Babys, vor allem jene, die vor dem Einsetzen der Wehen durch einen geplanten Kaiserschnitt zur Welt kommen, nicht nur unmittelbar nach der Geburt, sondern auch im späteren Leben häufiger mit Atemproblemen zu tun haben.

Anders als bei einer natürlichen Spontangeburt, die sich in aller Ruhe und über Stunden entwickeln kann, geschieht der Kaiserschnitt abrupt und in kürzester Zeit.

Das Baby hat keine Möglichkeit, sich auf dieses plötzliche Ereignis vorzubereiten, außer es wird durch die Mutter mental und emotional auf die sich plötzlich verändernde Situation und den Kontaktbruch eingestimmt.

Und genau das ist die Rolle der Bindungsanalyse!

Sie bietet als Präventivmethode die Möglichkeit, mit Hilfe des inneren Dialogs zwischen Gebärender und Baby, letzteres auf eine Sectio vorzubereiten, wenn sie geplant oder unbedingt von der werdenden Mutter gewollt ist. Das wird dadurch möglich, dass die Geburtsvorbereitungen von beiden, Mutter und Kind, gemeinsam vorgenommen werden. Die Mutter erklärt dem Baby die Gründe, warum es nicht auf natürlichem Weg zur Welt kommen kann und sendet ihm konkrete Bilder, wie der Kaiserschnitt ablaufen wird.

Sie beschreibt dem Baby in Bildern, wie der Arzt es aus der Gebärmutter holt und wie es anschließend untersucht wird. Danach werden sie beide, Mutter und Baby, wieder vereint sein.

Wenn eine Schwangere während mehrerer Monate mit der Bindungsanalyse begleitet wurde und dadurch eine sichere und gut fundierte Bindung zum Baby entstanden ist, wird das Baby das Vertrauen in diese Bindung durch den Kaiserschnitt nicht verlieren, und da es darauf vorbereitet wird, wird es auch nicht in einen Stockzustand fallen. Die vor der Geburt geknüpfte Bindung wird so sicher nach der Geburt unproblematisch fortgesetzt werden.

Ich fasse zusammen:

- Eines der wichtigsten Ziele der Bindungsanalyse ist die Vermeidung eines Kaiserschnitts.

- Wenn er unumgänglich ist, kann das Baby gründlich darauf vorbereitet werden

- Wenn er ungeplant in einer Notfallsituation durchgeführt werden musste, kann ein sehr erfahrener Babytherapeut die Nacharbeitung dieses Eingriffes vornehmen.

DAS TRAUMA DES ALLEINGEBORENEN ZWILLINGS

Stellen Sie sich einmal vor, Sie wären zu Beginn ihres Lebens in der Gebärmutter ihrer Mutter nicht allein gewesen. Es gab da eine Zwillingsschwester oder einen Zwillingsbruder, der oder die mit Ihnen die ersten Stunden oder Wochen ihres Leben nach der Zeugung und Einnistung der befruchteten Eier in der Gebärmutter geteilt hat.

Peter Bourquin, ein Experte in Sachen Zwillingsverlust, erläutert in seinem sehr empfehlenswerten Buch: „Der allein gebliebene Zwilling", dass mehr als 12 % aller natürlichen Befruchtungen zu Mehrfachschwangerschaften führen. Davon verlieren sich mehr als 76 % vollständig vor der Geburt, rund 22 kommen als Einlinge auf die Welt und etwa 2 % werden als Zwillingspaare geboren. Mit anderen Worten, auf jedes lebende Zwillingspaar kommen mindestens zehn Personen, die ihre Entwicklung als Zwillinge begannen und ihr Geschwister während der Schwangerschaft verloren haben.

Das Tragischste hierbei ist die Tatsache, dass das Absterben eines Zwillings oft in den ersten Wochen der Schwangerschaft auftritt und größtenteils unbemerkt bleibt.

Das bedeutet, dass außer dem überlebenden Embryo niemand etwas von dem Vorhandensein eines Zwillings und dessen Tod erfährt. Wenn einer der beiden Zwillinge in den ersten drei Schwangerschaftsmonaten abstirbt, wird er gewöhnlich rasch von der Gebärmutter oder der Plazenta absorbiert und hinterlässt keine Spuren. Nur der Überlebende weiß darum und sein Empfinden ist geprägt von der Verzweiflung allein zurückzubleiben. Er hat den ersten und den wichtigsten Menschen in seinem Leben verloren. Das hat dramatische Auswirkungen.

Seit den neunziger Jahren ist das Phänomen des verschwundenen Zwillings und die Auswirkungen des Zwillingsverlusts auf den Überlebenden intensiv erforscht worden. Die Betroffenen leiden oft ihr ganzes Leben lang unter vielfältigen Folgen: Dazu gehören die unerklärlichen Gefühle, **nicht ganz zu sein, nie gut genug** zu sein, immer für zwei arbeiten zu müssen, oder zum Beispiel ständig auf der Suche nach dem perfekten Lebenspartner zu sein, dem Seelenpartner, der der verlorene Zwilling sicher war.

Beziehungsängste und -probleme herrschen oft bei überlebenden Zwillingen vor. Engere Beziehungen werden entweder stets vermieden, weil die Angst allgegenwärtig ist, wieder einen geliebten Menschen zu verlieren, oder das gegenteilige Verhaltensmuster bildet sich heraus, ein exzessives Anklammern an andere Menschen.

Wenn bei der Anamnese festgestellt wird, dass es Hinweise auf einen Zwillingsverlust gibt, den die Schwangere in der Gebärmutter ihrer Mutter erlebt hat, besteht das Risiko, dass sie bestimmte Bindungsauffälligkeiten aufweist, die sich auf die psychische Entwicklung ihres Babys negativ auswirken können.

In der Bindungsanalyse wird die Schwangere angeregt, bei einer mentalen Reise in die Gebärmutter ihrer Mutter nach den Spuren eines verschwundenen Zwillings zu suchen. Sie nimmt mental und emotional Kontakt mit ihrem Zwilling auf und durchlebt den Verlust noch einmal. Da sie als Erwachsene auf andere Ressourcen zurückgreifen kann, ist das Wiedererleben des Verlustschmerzes nicht mehr so lebensbedrohlich wie beim ersten Mal. Die Schwangere wird in ihrem Trauerprozess von der Bindungsanalytikerin empathisch begleitet und angeleitet, sich von dem verlorenen Zwilling letztendlich zu verabschieden.

Dieser Prozess ist besonders für das Baby der Schwangeren von großer Bedeutung, denn nach erfolgter Trauerarbeit kann sich die werdende Mutter dem neuen Leben zuwenden, einem Leben ohne Trauer, Angst und Schuldgefühle.

Sollte es bei der Schwangeren selber Hinweise auf einen möglichen Zwillingsverlust geben, kann die werdende Mutter ihrem Baby im dem inneren Dialog erklären, dass sie um die Existenz eines gegangenen Brüderchens oder Schwesterchens weiß. Oft gibt es an einer Stelle in der Gebärmutter einen schwarzen Fleck, vor dem der überlebende Zwilling zurückschreckt. Wenn beide gemeinsam den Verlust betrauern, kommt das ungeborene Baby nicht mehr mit der Belastung durch eine derartig traumatische Erfahrung auf die Welt.

Auswirkungen der künstlichen Befruchtung bzw. Reproduktionsmedizin auf die psychische Gesundheit des Babys

Wenn wir davon ausgehen, dass Bindung von dem Moment der Zeugung an passiert, dann müssen wir uns fragen: Welche Bindung entsteht hier? Werden in der Petrischale Menschen gezeugt, deren Leben ohne jegliche emotionale Bindung beginnt? Das ist die eine Frage. Die zweite Frage ist, wie geht es dem „auserwählten" Embryo, der erleben musste, wie die anderen, mit ihm zusammen in die Gebärmutter eingesetzten Embryonen, der sogenannten „Embryonenreduktion" anheim gefallen sind?

Die entscheidende Frage ist hier, was kann die Bindungsanalyse leisten, um bei der Verarbeitung der bei der Zeugung erlebten Traumata zu helfen? Sind nicht alleine schon die Bezeichnungen „Reproduktionsmedizin" und „Embryonenreduktion" in gewisser Weise menschenverachtende Begriffe?

Es gibt die unterschiedlichsten Verfahren künstlicher Befruchtung, - Invitro Fertilisation (IVF), Insemination, Invitro Maturation, ICSI (Intrazystoplasmatische Spermien Injektion) um nur einige zu nennen. Sie alle wirken sich unterschiedslos und sehr beeindruckend auf die seelische Gesundheit der mit diesen Verfahren gezeugten Babys aus.

Für Rien Verdult, der bekannte Babytherapeut aus Belgien, ist die Zeugung via Reproduktionsmedizin für Babys auf einer tiefen unbewussten Ebene sehr traumatisch. Bei seinen Forschungen und der Behandlung von IVF/ICSI Babys hat Verdult festgestellt, dass diese Babys Bindungsmuster aufweisen, die man als vermeidend bezeichnen kann.

Wie Thomas Verny, kanadischer Pränatalpsychologe, in seinen Werken anschaulich darstellt, speichern unsere Körperzellen auch die Erinnerung an den Moment unserer Zeugung. Die Umstände unserer Zeugung können nicht von den emotionalen Befindlichkeiten getrennt werden, die bei einer natürlichen Zeugung eine wichtige Rolle spielen. Dazu gehören eben auch die oft unbewussten seelischen Anteile beider Partner wie auch die Beschaffenheit ihrer Beziehung zueinander.

Der renommierte französische Neonatologe Jean-Pierre Relier postuliert, dass in der Eizelle der Frau alle bewussten und unbewussten Elemente gespeichert sind, wie ihre Emotionen, ihre Einstellung zu ihrer Weiblichkeit, ihre Sexualität, ihre Empfängnisbereitschaft, ihre Schwangerschaft, ja sogar ihre eigenen prä- und und perinatalen Erfahrungen. Diese psychologischen Gegebenheiten finden Ausdruck in ihrem Körper und in den biologischen Prozessen, zu denen auch die Empfängnis gehört.

Lebt die Frau in einer stabilen Beziehung, wird das ihre Gefühle, ihre Sehnsüchte, ihre Bedürfnisse und und Gedanken beeinflussen. Die Qualität der Beziehung der Partner zueinander wird sich auf die Art und Weise auswirken, wie das Kind gezeugt wird. Wenn beispielsweise für beide Partner eine Zeugung unbewusst nicht gewünscht wird, hat das lebenslange negative Auswirkungen auf das Baby.

Karlton Terry, einer der international anerkanntesten Ausbilder und erfahrendsten Therapeuten für Prä- und Perinatale Psychologie, hat eine spezielle Babytherapie für Geburtsverarbeitung entwickelt. Er fand beispielsweise heraus, dass IVF-Babys Unterstützung dabei brauchen, „ihren eigenen Körper wahrzunehmen". Außerdem benötigen sie Hilfe bei der Verarbeitung ihrer Emotionen. Die meisten IVF/ICSI-Babys fühlen sich wie von ihrem Körper abgekoppelt, sie haben Schwierigkeiten sich zu erden und sich in ihrem Körper entspannt zu fühlen.

Diese Babys scheinen eine existenzielle Sehnsucht nach Ganzheit zu haben, nach einem ganzheitlichen Bewusstsein, da offensichtlich während der „künstlichen" Zeugung eine Bewusstseinsspaltung erfolgt. IVF/ICSI-Babys weisen bestimmte Traumasymptome auf wie Störungen der Affektregulierung, ein gestörtes Verhältnis zu ihrem Körper und ihren Körperempfindungen.

Da bei künstlich gezeugten Babys die Sectio Rate enorm hoch ist, erleben diese Babys nicht nur eine traumatische Zeugung, sondern auch eine durch einen Kaiserschnitt speziell belastende Geburt.

Aktuelle psychologische Ansätze gehen von der Annahme aus, dass die Behandlung einer Fertilitätsstörung belastend ist und Stressreaktionen auslöst. Die seelische Achterbahnfahrt, die Frauen mit unerfülltem Kinderwunsch durchleben, das ständige Auf und Ab zwischen

Hoffnung und Enttäuschung stellt eine massive psychische Belastung dar, aus der sich auch stärkere Depressionen entwickeln können. Das hat, wie wir wissen, ebenfalls tiefgreifende Folgen für die intrauterine Entwicklung der Babys.

Es stellt sich also die Frage, welchen Beitrag die Bindungsanalyse bei der Verarbeitung derartiger pränataler Traumata leisten kann?

Wenn im Rahmen der Anamnese festgestellt wird, dass die Zeugung per Reproduktionsmedizin erfolgte, kann diese Art der Zeugung in den inneren Dialog mit dem Ungeborenen eingeflochten werden. Die Bindungsanalytikerin leitet die Schwangere an, mit ihrem Baby gedanklich den ganzen Akt der Zeugung durchzugehen und ihm die Gründe zu erklären, warum es nicht auf natürlichem Weg gezeugt werden konnte.

Wenn eine Embryonenreduktion stattgefunden hat, ist es hilfreich, dass Mutter und Baby gemeinsam den Verlust der Geschwister betrauern.

Was genau wird durch diesen inneren Dialog bewirkt? Das Baby fühlt sich mit seinen Empfindungen angenommen, wenn die Mutter ihm alle Vorgänge erklärt und ihre Erläuterungen mit Gefühlen begleitet. Auf diese Weise gibt sie ihrem Baby zu verstehen, dass sie das, was es erlitten hat, sieht und mitfühlt. Die Mutter spiegelt seine Befindlichkeit und mildert dadurch die traumatisierende Wirkung der Zeugung weitgehend ab.

GEBURTSVORBEREITUNG

In der Abschlussphase der Bindungsanalyse kommen die Instruktionen Raffai's zur Geburtsvorbereitung zum Tragen. Durchschnittlich werden 5 bis 6 Abschlussstunden hierfür angesetzt, im Abstand von 2 bis 3 Tagen. Sie müssen 10 Tage vor dem errechneten Geburtsbeginn abgeschlossen sein.

Bei diesen letzten Babystunden geht es um die Vorbereitung auf den bevorstehenden Trennungsprozess und die Lösung eventuell noch bestehender Restblockaden. Es gibt Trennung und Wiedervereinigung auf anderer Ebene. Die Schwangere bereitet sich auf das Gebären vor und das Baby auf das Geborenwerden.

Die Abschlussinstruktionen bieten den Raum für Erinnerungen. Zuerst erzählt die Mutter ihre Erinnerungen, das Baby hört zu. In der nächsten Stunde erzählt dann das Baby, und die Mutter hört zu. Diese Erinnerungsstunden haben das Ziel die Trennung zu erleichtern und die Themen Revue passieren zu lassen, die während der Bindungsanalyse angesprochen wurden. Es kommt durchaus vor, dass Mutter und Baby recht unterschiedliche Erinnerungen haben und zum Ausdruck bringen.

Danach schildert die Schwangere in einer weiteren Abschlussstunde dem Baby über Bilder den gesamten Geburtsvorgang.

In der darauffolgenden Abschlussstunde erzählt die Schwangere ihren Baby wieder über Bilder, was mit ihm in den ersten Minuten und Stunden nach der Geburt geschehen wird.

In der letzten Babystunde üben Mutter und Baby gemeinsam mit Hilfe der von Raffai speziell dafür ausgearbeiteten Instruktionen die Generalprobe der Geburt und dann wird die Schwangere mit der Hausaufgabe entlassen, diese Generalprobe jeden Tag bis zur Geburt mit dem Baby zu üben.

Auf diese Weise bewältigen Mutter und Baby dann die Geburt gemeinsam.

Epigenetische Einflüsse auf die Schwangerschaft

Das Thema Epigenetik ist so umfangreich, dass ich Stunden damit füllen könnte. Ich fasse aber hier und jetzt nur einiges ganz kurz zusammen.

Jeder Generation werden über verschiedene Wege und Kanäle die prägenden emotionalen Erfahrungen der Eltern, Großeltern und Ahnen mitgegeben, die negativen wie die positiven. Transgenerationale Transmission ist ein Vorgang, bei dem natürlich auch Traumata „vererbt" werden können.

Raffai nennt die Gebärmutter einen **MEHRGENERATIONENRAUM**, in dem sich die Eltern der werdenden Eltern tummeln, die Großeltern und wir wissen noch nicht, in die wievielte Generationen man zurückgehen kann oder muss, um das erste Trauma zu finden. Bei Versuchen mit Mäusen hat man inzwischen den Beweis für die Übertragung von Traumata bis zur siebten Generation nachgewiesen.

Unzählige Menschen haben seit vielen Generationen einen Erziehungsstil erfahren, der Beziehungs- und vor allem Bindungslosigkeit geschaffen hat. Bindungslosigkeit geht in Beziehungslosigkeit über und umgekehrt. Viele Einstellungen, die von Großeltern erlebt oder vertreten wurden, werden - natürlich unbewusst und unbeabsichtigt. an das ungeborene Enkelkind weitergegeben. Dies geschieht innerhalb des Mehrgenerationenraumes und spielt sich im Wesentlichen in der Gebärmutter ab, denn das Baby lebt während der Schwangerschaft in einem sehr komplexen Beziehungssystem.

Bekannt ist inzwischen, dass über epigenetische Mechanismen bestimmte Krankheiten oder Dispositionen für bestimmte Krankheiten über Generationen hinweg weitergegeben werden. Die epigenetische Erforschung hat Nachweise erbracht, dass auch psychische Störungen – und dazu gehören sicherlich Bindungsstörungen - von Generation zu Generation weiter gegeben werden.

Forscher haben herausgefunden, dass menschliche Beziehungen im Sinne bestimmter Bindungsmuster nachdrücklichen Einfluss auf das Epigenom und somit auf die psychische Gesundheit haben. Erhält ein Baby prä- und postnatal zu wenig Liebe, Geborgenheit und Fürsorge, entstehen nicht nur Bindungsprobleme, sondern auch biologisch nachweisbare Störungen in seinem Stresshormonsystem.

Der Depressionsforscher Florian Holsboer meint dazu: „Traumata sorgen nicht nur für Narben in der Seele, sondern auch für Narben im Erbgut. Und da diese Narben auch Bestandteil des Erbguts in den Keimzellen sind, ist die Wahrscheinlichkeit, dass sie vererbt werden, sehr hoch."

Was bedeuten die Erkenntnisse der Epigenetik für die Arbeit mit der Bindungsanalyse?

Schwangerschaft, Geburt und frühe Kindheit sind hochempfindliche Lebensphasen, in denen traumatische Erfahrungen über epigenetische Strukturen vererbt werden können

Michaela Huber schreibt in dem Buch „Transgenerationale Traumatisierung: „Für eine gesunde Entwicklung der Mutter-Vater-Kind-Bindung ist die Verarbeitung elterlicher Traumatisierungen ein Muss, denn wenn sie unverarbeitet bleiben, werden sie im Kind reaktiviert. Es kommt dann zu einer Wiederholung von selbst erlebten Trauma-Erfahrungen, und zur Weitergabe an die nächste Generation."

Ich möchte Ihnen anhand der kurzen Schilderung einer gelungenen Bindungsanalyse veranschaulichen, wie die Bindungsanalyse zur Vermeidung der Übertragung von traumatischen Erfahrungen beitragen kann. Die Darstellung eines konkreten Falles veranschaulicht in beeindruckender Weise, wie im Einzelnen Epigenetik funktioniert.

Hier ist Annettes Geschichte:

Annette, 24 Jahre jung, Studentin, unverheiratet, kommt zu mir in der 13. Schwangerschaftswoche. Sie ist über ihre Schwangerschaft sehr unglücklich. Der Vater ihres Babys ist auch Student, ihn hat sie erst vor einigen Wochen kennengelernt. Für Annette kommt er als Lebenspartner nicht infrage. Sie befindet sich in einem Dilemma. Bevor sie mich kontaktierte, hatte sie lange und intensiv über eine mögliche Abtreibung nachgedacht, sich aber letztendlich dagegen entschieden. Nur annehmen kann sie ihr Baby noch nicht.

Annette wird von zwiespältigen Gefühlen geplagt. Einerseits sieht sich außerstande, eine Abtreibung vorzunehmen – sie kommt aus einem streng katholischen Elternhaus - aber andererseits möchte sie das Baby eigentlich nicht. Durch diese ungewollte und ungeplante Schwangerschaft ist ihre Lebenssituation sehr schwierig geworden, auch weil sie sich keinerlei Unterstützung von ihren Eltern erhoffen kann, vor allem nicht von ihrer Mutter. Ich gewann den Eindruck, dass sie gerade vor ihrer Mutter große Angst hatte. Ich sagte ihr, dass wir uns im Laufe der Bindungsanalyse um dieses Thema kümmern würden und sie war ganz erstaunt, dass das zur Bindungsanalyse gehört.

Wir sprachen als erstes über die Gefühle, die in ihr hochkamen, als sie sich mental den Fötus in ihrer Gebärmutter vorstellen sollte. Sie gab offen zu, dass sie, als sie von der Schwangerschaft erfuhr, großen Ekel gespürt hatte über diesen Fremdkörper, der sich in ihr ungefragt eingenistet hatte. Sie litt unter starkem Schwangerschaftserbrechen, was sie dazu veranlasste, sich intensiv mit der Möglichkeit eines Schwangerschaftsabbruches auseinanderzusetzen. Sie nahm ihrem Baby übel, dass sie aufgrund dieser Schwierigkeiten viele Vorlesungen versäumt hatte.

Wir sprachen dann über ihren Partner und ich bat sie, ihre Beziehung zu ihm zu beschreiben. Wie hatte er auf die Nachricht, dass er Vater werden würde, reagiert? Er war entsetzt, beschimpfte sie und warf ihr vor, absichtlich schwanger geworden zu sein, um ihn zu einer Heirat zu zwingen. Er forderte von ihr die sofortige Abtreibung, darüber gerieten sie in einen heftigen Streit. Das hatte Annette zwar sehr zugesetzt, ihr auch aber andererseits die Kraft gegeben, die Verbindung zu ihm vollkommen abzubrechen.

Nach ihrer Trennung vom Freund und ihrer Entscheidung, das Kind zu behalten, war sie zu ihren Eltern gefahren, um ihnen von der Schwangerschaft zu erzählen. Die Eltern hatten kein Verständnis für ihre Entscheidung, das Kind zu behalten, da aber für sie eine Abtreibung auch nicht infrage kam, forderten sie ihre Tochter auf, das Kind sofort nach der Geburt zur Adoption freizugeben. Annette fühlte sich sehr verletzt, was ihr die Annahme ihres Babys auch nicht gerade erleichterte. Hinzu kam noch, dass ihre Mutter ganz eindeutig ihren zwei Jahre jüngeren Bruder bevorzugte, schlimmer noch, ihre Mutter hatte ihr gegenüber ganz klar zum Ausdruck gebracht, dass sie sehr enttäuscht war über die Geburt eines Mädchens. Wir haben uns in diesem Zusammenhang längere Zeit über die Bedeutung von Frausein, Weiblichkeit und Mütterlichkeit unterhalten

Annette hatte, was die Umstände ihrer eigenen Geburt anbetrafen, nur die Information, dass sie drei Wochen zu früh auf die Welt gekommen war, dass die Wehen irgendwann gestoppt hatten und sie mit der Zange geholt werden musste. Ihre Mutter habe sie nicht gestillt, aber über die Gründe dafür gab es keine Angaben.

Annette brachte ganz klar zum Ausdruck, dass sie sich mit der ganzen Situation völlig überfordert fühlte, weil sie nicht mehr wüsste, wie sie ihre Zukunft planen und in den Griff bekommen sollte. Es machte ihr sehr zu schaffen, dass sie ihr Studium wahrscheinlich würde abbrechen müssen, was sie in den Augen ihrer Mutter gewiss zur Versagerin machte.

Als ich sie das erste Mal bat, gedanklich in ihre Gebärmutter hineinzugehen, stieg ein Gefühl von Panik in ihr auf. Sie sagte, sie empfände so etwas wie ein schlechtes Gewissen, weil sie zu Beginn der Schwangerschaft das Baby so stark abgelehnt hatte. Ich fragte sie, was die Ablehnung ihrer Mutter ihr gegenüber mit ihr machte. Sie räumte ein, sie spüre zuweilen eine recht heftige Wut, die sie sich aber nie hatte erklären können.

In den darauffolgenden Babystunden versuchte sie wieder, mental in ihre Gebärmutter zu gehen, fühlte sich aber immer noch vollkommen blockiert. Ich gab die Anregung, ob die Blockade vielleicht damit zusammenhängen könnte, dass die Gebärmutter das bedeutendste weibliche Geschlechtsorgan ist? Da ihre Mutter ihre Weiblichkeit abgelehnt hatte, sei es sehr gut möglich, dass sie diese Haltung verinnerlicht hatte. Was würde geschehen, wenn sie selber ihre Weiblichkeit nicht nur annehmen, sondern sie auch wertschätzen würde? Das könnte dazu führen, dass sie sich von der Einstellung der Mutter lösen und sich gestatten könnte, eigene Gedanken und Empfindungen zu haben.

Doch als sie im Rahmen der zweiten Ultraschalluntersuchung erfuhr, dass auch sie ein Mädchen erwartete, war sie völlig aufgelöst. Damit haben wir uns sehr ausführlich befasst. Annette gab zu, dass sie immer sehr unter der Geringschätzung ihrer Mutter gelitten und verstandesmäßig nie begriffen hatte, warum ein Junge mehr geliebt wurde, in den Augen der Mutter offensichtlich mehr wert war als die Tochter.

Sie fragte sich dann, wie sie ein weibliches Baby in sich akzeptieren könnte, wenn es ihr so schwerfiele, ihr eigenes Geschlecht anzunehmen? Bei der Entspannung sagte ich ihr, sie sollte genau das ihrem Baby erzählen.

In dem inneren Dialog mit ihrem Baby sollte sie ihr sagen, dass ihre eigene Mutter sie eigentlich nicht liebhätte, weil sie ein Mädchen sei, dass sie sich aber über ihre Tochter freuen und sich für sie einen wunderschönen Namen (Valerie) einfallen lassen würde, der etwas Besonderes sei. Anschließend berichtete Annette ganz erstaunt, dass ihr dieser Dialog nicht schwergefallen war!

In der nächsten Babystunde fragte ich sie nach ihren Gedanken gegenüber ihrem Baby. Empfand sie ihr Baby immer noch als eine Last oder könnte sich auch vorstellen, dass ihre Tochter ihr Leben bereichern würde? Ich leitete sie in der Tiefenentspannung an, das weitere Leben des Babys zu visualisieren, zuerst unabhängig von ihrem eigenen. Sie sollte sich sein Leben in einer Kinderkrippe, dann in einem Kindergarten und schließlich in der Schule vorstellen. Das gelang ihr ganz gut, aber als sie sich ihren eigenen weiteren Werdegang vorstellen sollte, fühlte sie Mutlosigkeit. Sie sah für sich keine Perspektive.

Zur nächsten Babystunde brachte sie gute Nachrichten mit, denn sie hatte verschiedene Adressen ausfindig gemacht, wo sie Hilfe bekommen konnte und das hatte ihr sehr viel Mut gemacht. Ich bestärkte sie und erklärte ihr, allein die Tatsache, dass sie so weit von den Eltern weggezogen wäre, zeigte ihr rechtmäßiges Bedürfnis nach Unabhängigkeit und Selbstständigkeit. Ihr Baby sei im Grunde eine fantastische Chance, diesen Weg konsequent weiterzugehen.

Während der Entspannung gelang es ihr anschließend zum ersten Mal, dass konkrete Baby in ihrer Gebärmutter zu sehen. Ich fragte sie, was sie dabei empfunden hätte und sie sagte: „Wärme im gesamten Bauchraum."

In einer weiteren Babystunde erinnerte sie sich plötzlich an ihre Großmutter, die ihr offensichtlich echte Zuneigung entgegengebracht hatte. Sie hätte oft bei der Großmutter übernachtet und sich bei ihr sehr wohl gefühlt. Sie habe eine Tante, die Schwester ihres Vaters – die ihrer Großmutter sehr ähnlich sei und zu der sie ein gutes Verhältnis hatte. Das gab ihr unvermittelt die Idee, ihre Tante zu besuchen.

Bei unserer nächsten Babystunde erzählte Annette voll Freude, dass sie mit einer Freundin Babysachen eingekauft hatte und dass sie tatsächlich die Sachen für ihre Tochter mit sehr viel Liebe ausgesucht hatte. Seit ihrem Besuch bei der Tante hielt sie intensiven Kontakt zu ihr, denn sie erhielt von ihr sehr viel Rückendeckung. Mit ihrer Mutter telefonierte sie kaum noch und ihren Vater erwähnte sie eigentlich überhaupt nicht mehr.

Ich bat sie, in der Entspannung wieder in ihre Gebärmutter zu gehen, ihre Tochter anzulächeln und liebevoll zu begrüßen. Sie anzulächeln, war ihr sehr wichtig geworden und ich erklärte ihr die Funktion der Spiegelneuronen.

In der nächsten Babystunde gab ich ihr während der Entspannungsphase die Anweisung, sie sollte ihrem Baby versichern, dass sie es lieben, es schützen und ihm Sicherheit geben würden. In diesem Stadium freute sich Annette über die Kindsbewegungen und sagte mir, dass sie inzwischen stolz auf ihren Babybauch sei! Sie würde zwischen unseren Babystunden sehr viel mit ihrem Baby sprechen und sie sah in ihrer Tochter inzwischen eine Verbündete und keinen Feind mehr.

Ihre Tante hatte ihr angeboten, zu ihr zu ziehen. Sie wäre auch bereit, sich um das Baby kümmern, wenn Annette ihr Studium wiederaufnehmen würde. Annette hatte tatsächlich beschlossen, ein „weiblicheres" Studium zu beginnen und sich in eine Modedesignschule einzuschreiben.

Ihr war bewusst, dass diese Entscheidung einen heftigen Streit mit ihrer Mutter auslösen würde, sie fühlte sich jedoch in der Zwischenzeit so gestärkt, dass sie sich in der Lage sähe, sich ihr gegenüber für ihre Sache und letztendlich auch für das Wohlergehen ihres Babys einzusetzen.

Annette wurde im Laufe der Bindungsanalyse klar, dass sie ein rechtmäßiges Bedürfnis nach Unabhängigkeit und Selbstständigkeit hatte und dass ihr Baby im Grunde eine fantastische Chance war, diesen Weg konsequent weiterzugehen.

Was in den einzelnen Babystunden besprochen, angeregt und visualisiert wurde, hat in Annette einen Entwicklungs- und Reifeprozess ausgelöst. Ihr Baby hat bedeutende Bindungserfahrungen gemacht, von der ersten Ablehnung hin bis zur völligen Akzeptanz. So konnten seine anfänglichen Traumatisierungen gut aufgefangen werden. Die Bindungsanalyse hat Annette geholfen, erwachsen zu werden, sich von der Mutter zu lösen, um sich voll und ganz ihrem Baby zuzuwenden. Sie hat an Selbstbewusstsein gewonnen, neuen Mut gefasst und sieht in ihrer Tochter keine Feindin mehr, sondern eine Verbündete, mit der sie gemeinsam ihren weiteren Lebensweg meistern wird. Raffai würde sagen: „Sie ist vom Kind ihrer Mutter zur Mutter ihres Kindes geworden."

Ohne die Bindungsanalyse wäre es zur Übertragung der Ablehnung einer Tochter gekommen und Annettes Leid hätte sich in ihrer Tochter fortgesetzt. Annette hat die negative Einstellung ihrer Mutter in Frage stellen können, dadurch wurde es ihr möglich, sich von ihrer Mutter abzugrenzen und sich eigenständige Gedanken und Empfindungen zu erlauben. Annette wurde durch die Bindungsanalyse in ihrem Frausein, ihrer Weiblichkeit und Mütterlichkeit bestärkt und wird diese neue Lebensgefühl an ihre Tochter weitergeben können.

Raffai's Schlußwort:

„Das Baby fühlt sich in seiner Persönlichkeit zu einem sehr frühen Zeitpunkt wahrgenommen und geschätzt und kann eine selbstständige Persönlichkeit entwickeln. Durch diese starke Wahrnehmung der Persönlichkeit entwickelt es einen starken Selbstwert und wird selbstbewusst. Durch die intensive Wahrnehmung des Babys und das Reflektieren der Gefühle der Schwangeren entsteht ein "sicherer Raum" (Safe Container). Das Baby fühlt sich in seiner Person respektiert und angenommen, mit all seinen Bedürfnissen. Dadurch entsteht eine sichere Basis von Anfang an. Durch diese Sicherheit entsteht wiederum ein Interesse, die Welt erkundigen zu wollen. Das Kind wird in seiner Ermächtigung über sich und seine Umwelt gestärkt. Reifung und Entwicklung des Gehirns werden angeregt. Die Gesundheit wird durch den vorgeburtlichen Bindungsaufbau von Anfang an gestärkt. Es entsteht ein sicheres Fundament ("die Nabelschnur der Seele") worauf das Baby ein Leben lang zurückgreifen kann."

B.O.B.S. - Online Ausbildungskurse siehe:

www.vorgeburtliche-eltern-baby-bindung.net

www.prenatal-bonding-courses.online

Literaturliste

Bettina Alberti, Die Seele fühlt von Anfang an, Wie pränatale Erfahrungen unsere Beziehungsfähigkeit prägen, Kösel Verlag, München, 2005.

Ingrid Alexander, Sabine Lück, Ahnen auf die Couch, Den Generations-Code entschlüsseln und vererbte Wunden heilen

Ute Auhagen-Stephanos, Damit mein Baby bleibt, Zwiesprache mit dem Embryo von Anfang an, Kösel Verlag, München, 2009.

Alfred R. und Bettina Austermann, Das Drama im Mutterleib, Der verlorene Zwilling, Königsweg Verlag Berlin, 2012.

Alfred R. und Bettina Austermann, Ich habe meinen Zwilling verloren, Allei geborene erzählen, Eine Entdeckungsreise für Suchende, Königsfeld Verlag, Berlin, 2013.

Bernard W. Bail, die Inschrift der Mutter, Prägung des ungeborenen Lebens durch das unbewusste der Mutter, Mattes Verlag, Heidelberg, 2007.

Christa Balkenhol-Wright, Christine Karrasch, „Mit deiner Liebe wächst meine Seele, Leben und Erleben im Mutterleib. Die Methode der vorgeburtlichen Bindungsförderung in Praxis und Theorie, Einklang Verlag, 2017

Irene Behrmann und Marianne Sturm, Leben und Geburt, Pränatal Zeit - Geburt, Kaiserschnitt - Frühe Kindheit, Regressionstherapeutische Dokumente, Mattes Verlag, Heidelberg, 2014.

Christina Berndt, Resilienz, das Geheimnis der psychischen Widerstandskraft, Deutscher Taschenbuch Verlag, München, 2013.

Marie-Andrée Bertin, Das Wunder des werdenden Lebens, Bewusste Elternschaft zum Wohle des Kindes, der Familie und der Gesellschaft, Rosenblatt Verlag 2003.

Helga Blazy, Und am Anfang riesige Räume „und dort erschien das Baby, Berichte aus dem intrauterinen Raum, Mattes Verlag, Heidelberg, 2014.

Helga Blazy, Der Neuland Seefahrer beginnt die Reise, Darstellung neuer Erfahrungen aus der Bindungsanalyse, Mattes Verlag Heidelberg, 2016.

Helga Blazy, Wie wenn man eine innere Stimme hört, Bindung im pränatalen Raum, Mattes Verlag, Heidelberg, 2009.

Helga Blazy, Gespräche im Innenraum, Intrauterine Verständigung zwischen Mutter und Kind, Mattes Verlag, Heidelberg 2012.

Peter Bourquin, Der allein gebliebene Zwilling, Innenwelt Verlag, 2017

Annika C. Botzke-Hoch, Faktoren pränataler Beziehung, Eine Explorationsstudie, Grin Verlag 2013.

Karl-Heinz Brisch, Bindungsstörungen, Von der Bindungstheorie zur Therapie, Klett Cotta

Verlag, 2009

Karl Heinz Brisch und Theodor Hellbrügge, Die Anfänge der Eltern Kind Bindung, Schwangerschaft, Geburt und Psychotherapie, Klett Cotta Verlag, Stuttgart, 2007.

Karl-Heinz Brisch, SAFE – Sichere Ausbildung für Eltern, Klett-Cotta, 2010

David Chamberlain, Woran Babys sich erinnern, Über die Anfänge unseres Bewusstseins im Mutterleib, Kösel Verlag, München, 2013.

Dami Charf, Auch alte Wunden können heilen, Wie Verletzungen aus der Kindheit unser Leben bestimmen und wie wir uns davon lösen können, Kösel Verlag, 2019

Theresia Maria de Jong, Im Dialog mit dem ungeborenen, ViaNova Verlag, Petersberg, 2004

William Emerson, Behandlung von Geburtstraumata bei Säuglingen und Kindern, Mattes Verlag, Heidelberg, 2012.

William Emerson, Geburtstrauma , ISBN 978-3-200-05186-7

Thomas Harms, Auf die Welt gekommen, Die neuen Babytherapien, Ulrich Leutner Verlag, 2000.

Sven Hildebrandt, et. al., Ich spüre - also bin ich, Bedürfnisse vorgeburtlicher Kinder und ihrer Eltern im Spannungsfeld zwischen geburtskulturellen Entwicklungen, Gesundheitspolitik, Grundrechten, Ethik und Ökonomie, Mattes Verlag, Heidelberg, 2015.

Sven Hildebrandt, et. al., Wurzeln des Lebens, Die pränatale Psychologie im Kontext von Wissenschaft, Heilkunde, Geburtshilfe und Seelsorge, Mattes Verlag Heidelberg, 2012.

Sven Hildebrandt, et. al., Bindung und Geburt im transgenerationalen Kontext, Geburt als Resilienzfaktor seelischer Gesundheit - seelische Gesundheit als Resilienzfaktor der Geburt, Mattes Verlag, Heidelberg, 2016.

Sven Hildebrandt, et. al., Schwangerschaft und Geburt prägen das Leben, Mattes Verlag, Heidelberg, 2015.

Sven Hildebrandt, et. al., Kaiserschnitt, Mattes Verlag, Heidelberg, 2014.

Sven Hildebrandt, et. al., Verborgene Wahrheiten, Der verantwortungsvolle Umgang mit Erinnerungen aus unserer frühesten Lebenszeit, Mattes Verlag Heidelberg, 2013.

Johannes Huber, Der holistische Mensch, edition a, 2017

Johannes Huber, Die Anatomie des Schicksals, edition a, 2019

Johannes Huber, Liebe läßt sich vererben, wie wir durch unseren Lebenswandel die Gene beeinflussen können, Zabert Sandmann Verlag, 2011

Michaela Huber, Reinhard Plassmann, Transgenerationale Traumatisierung, Junfermann Verlag, 2012

Gerald Hüther, Etwas mehr Hirn bitte, Vandenhoek und Ruprecht Verlag, Göttingen, 2015.

Gerald Hüther, Die Macht der inneren Bilder, Wie Visionen das Gehirn, den Menschen und die Welt verändern, Vandenhoek und Ruprecht Verlag, Göttingen, 2008.

Gerald Hüther, Was wir sind und was wir sein könnten. Ein neurobiologischer Mutmacher, S. Fischer Verlag, 2011.

Gerald Hüther, W. Roth, M. Brück, Damit das Denken einen Sinn bekommt, Herder Verlag 2009.

Gerald Hüther, I. Krens, das Geheimnis der ersten neun Monate, Beltz Verlag, 2015.

Arthur Janov, Vorgeburtliches Bewusstsein, Das geheime Drehbuch, dass unser Leben bestimmt, Scorpio Verlag, 2011.

Ludwig Janus, Geburt, psychosozial Verlag Gießen, 2015.

Ludwig Janus, Die Psychoanalyse der vorgeburtlichen Lebenszeit und der Geburt, Psychosozial Verlag Gießen, 2000.

Ludwig Janus, Die pränatale Dimension in der Psychotherapie, Mattes Verlag, Heidelberg, 2013.

Ludwig Janus, Der Seelenraum des Ungeborenen, Pränatale Psychologie und Therapie, Patmos Verlag, 2013.

Ludwig Janus, Die pränatale Dimension in der psychosomatischen Medizin, Psychosozial, 134, Psychosozial Verlag, Gießen, 2013.

Ludwig Janus, Helga Levend, Bindung beginnt vor der Geburt, Mattes Verlag, Heidelberg.

Ludwig Janus und Sigrun Haibach, Seelisches Erleben vor und während der Geburt, LinguaMed Verlag, Neu-Isenburg, 1997.

Ludwig Janus, Klaus Evertz, Lehrbuch der pränatalen Psychologie, Mattes Verlag, Heidelberg, 2014.

Ludwig Janus, Wie die Seele entsteht, Mattes Verlag, Heidelberg, 2011.

Bernhard Kegel, Epigenetik. Wie unsere Erfahrungen vererbt werden, Dumont Verlag, Köln, 2015.

Bruce Lipton, Intelligente Zellen, Wie Erfahrungen unsere Gene steuern, Koha Verlag, 2007.

Rüdiger Lorenz, Salutogenese, Grundwissen für Psychologen, Mediziner, Gesundheits- und Pflegewissenschaftler, Ernst Reinhardt Verlag, München, 2005.

Siegfried Lorenz, Wie das Seelenleben des Kindes schon im Mutterleib geformt wird, Die vorgeburtliche Kommunikation zwischen Mutter und Kind und ihre Bedeutung für die psychische Entwicklung des Kindes, Verlag für Wissenschaft und Bildung, Berlin, 1993.

Wendy Anne McCarty, Ich bin Bewusstsein, Babys von Anfang an als ganzheitliche Wesen willkommen heißen, Ein integratives Modell frühkindlicher Entwicklung, Innenwelt Verlag, Köln, 2013.

Elizabeth Noble, Primäre Bindungen, Über den Einfluß pränataler Erfahrungen, Verlag Geist und Psyche Fischer, Frankfurt 1996

Astrid-Meyer-Schubert, Mein erstes Universum, Welt und Würde des vorgeburtlichen Kindes, Be&Be Verlag, Heiligenkreuz, Österreich, 2015.

Michel Odent, Es ist nicht egal, wie wir geboren werden, Risiko Kaiserschnitt, Mabuse Verlag,

Frankfurt, 2015.

Jenö Raffai, György Hidas, Nabelschnur der Seele, Psychosozial Verlag, Gießen, 2010.

Jenö Raffai, Gesammelte Aufsätze, Mattes Verlag Heidelberg, 2015.

Otto Rank, Das Trauma der Geburt und seine Bedeutung für die Psychoanalyse, Psychosozial Verlag, Gießen, 2007.

Otto Rank, Technik der Psychoanalyse, Bd. I-III, Psychosozial Verlag Gießen, Neuausgabe 2006.

Franz Renggli, Das goldene Tor zum Leben, Wie unser Trauma aus Geburt und Schwangerschaft ausheilen kann, Arcana Verlag, München, 2013.

Giacomo Rizzolatti, Corrado Sinigaglia, Empathie und Spiegelneurone. Die biologische Basis des Mitgefühls, editon unseld, Suhrkamp, Frankfurt, 2008.

Gerhard Roth, Nicole Strüber, Wie das Gehirn die Seele macht, Klett-Cotta Verlag, Stuttgart, 2014.

Gerhard Roth, Aus Sicht des Gehirns, Suhrkamp Verlag, 2009.

Gerhard Roth, Persönlichkeit, Entscheidung und Verhalten, Klett Cotta Verlag, 2015.

Hanspeter Ruch, Unsere Geschichte - unser Potenzial, Wie vorgeburtliche Erlebnisse und Geburt unser Leben prägen, ViaNova Verlag, Petersberg, 2001.

Thomas Very, Pamela Weintraub, Das Baby von morgen, Bewusstes Elternsein von der Empfängnis bis ins Säuglingsalter, Rogner und Bernard Verlag, Hamburg, 2001.

Franz Ruppert, Frühes Trauma, Schwangerschaft, Geburt und erste Lebensjahre, Klett Cotta Verlag, Stuttgart, 2015

Barbara Schlochow, Gesucht: Mein verlorener Zwilling, Liebe und Tod am Beginn des Lebens, Editions à la Carte, Zürich, 2011

Susanne Schulze, Kurzlehrgang Embryologie, Urban und Fischer Verlag, München, 2006.

Spitzer M., Lernen- Gehirnforschung und die Schule des Lebens, Spektrum Verlag, Heidelberg und Berlin, 2009.

Evelyne Steinemann, Der verlorene Zwilling, Wie ein vorgeburtlicher Verlust unser Leben prägen kann, Kösel Verlag, München, 2007.

Nicole Strüber, Die erste Bindung, Klett Cotta Verlag, Stuttgart, 2016

Ilka-Marie Thurmann, Kaiserschnitt heilsam verarbeiten, Mabuse Verlag, Frankfurt am Main, 2015.

Joanna Wilheim, Unterwegs zur Geburt, Eine Brücke zwischen dem Biologischen und dem Psychischen, Mattes Verlag, Heidelberg, 1995.

Geführte Meditationen:

Abenteuer Timeline, Reisen auf der mentalen Zeitlinie, Angelika King, 2004, Books on Demand GmbH

Phantasiereisen leicht gemacht, Evelyne Maaß & Karsten Ritschl, Junfermann Verlag, Paderborn 2008

Geführte Meditationen, Larry Moen, Windpferd Verlag, Oberstdorf 2011